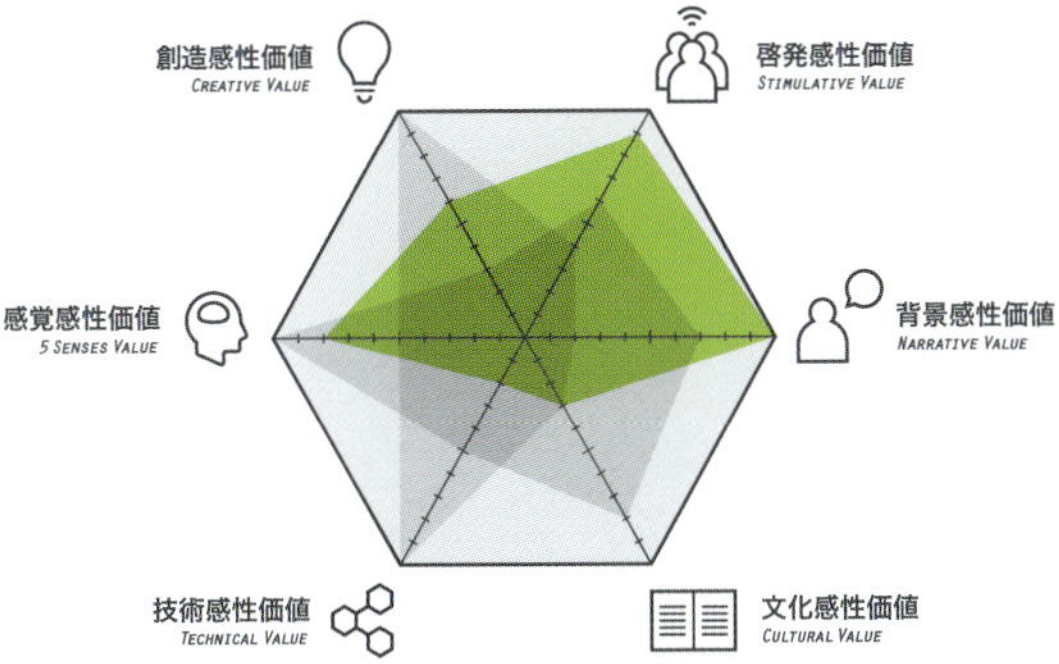

0《ゼロ》からのビジネス・イノベーション

感性ポテンシャル思考法

"POTENTIAL OF SENSIBILITY" THINKING

株式会社ハーズ実験デザイン研究所　代表取締役
京都造形芸術大学　プロダクトデザイン学科客員教授
村田智明

生産性出版

技術感性価値

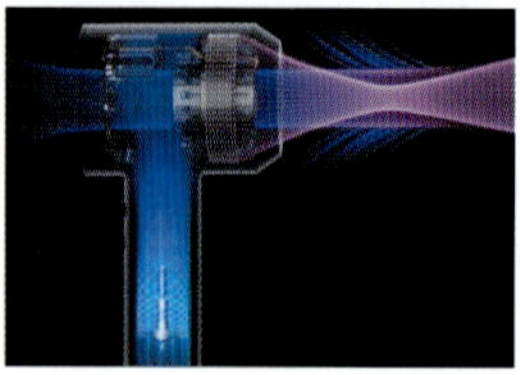

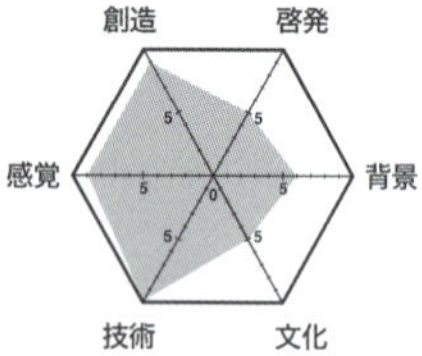

【Dyson Supersonic】

ヘアドライヤーは通常ヘッド部分にモーターがあるが、ハンドル内部に置くことで、長時間の使用でも疲れないように体感加重を軽減している。そして、モーターや羽根のなくなったヘッド部分は、穴の開いた外気の導風路にすることで、モーターが吸気する3倍の風量を可能にしている。成熟商品が技術で生まれ変わった例だ。

引用元　http://www.kwj.co.jp/aman/

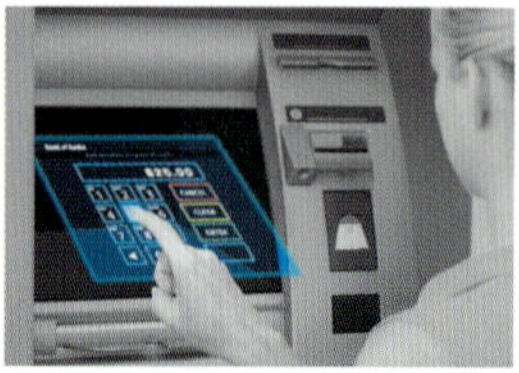

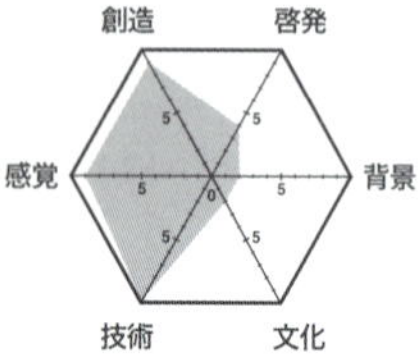

【空間タッチディスプレイ】

ガラスや樹脂などでできた特殊なパネルを通過させることで、実像の反対側の等距離の空中に実像を結像させる事に成功した、空中タッチディスプレイ。視野角が限定的であるため、周りから覗き見されるリスクが軽減し、暗証番号やパスワードなど個人情報を入力する際に安心。また、空中センサによる操作は使用後の痕跡が残らない。

引用元　http://aerialimaging.tv/

啓発感性価値

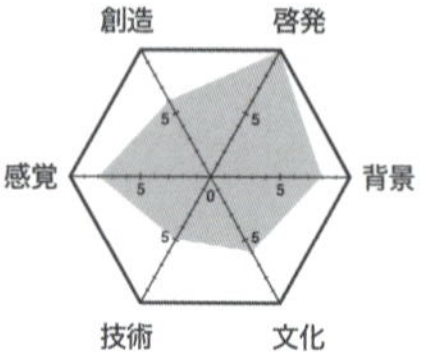

【エシカルジュエリー　HASUNA】

世界中の鉱山の産地からフェアトレード（途上国の生産者や労働者の生活改善・自立が目的で原料や製品を適正な価格で継続的に購入すること）で、ジュエリーの原材料を仕入れて加工し、日本で販売している。理解ある消費者の購入によって貧困削減に協力できるしくみをつくっている。

引用元　「ソーシャルデザインの教科書」

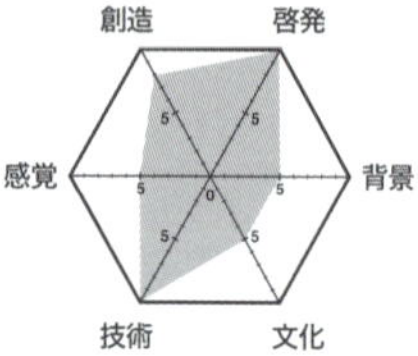

【TOYOTA MIRAI】

トヨタ自動車が2014年に発売した量産型としては初のセダン型燃料電池自動車。燃料電池FCスタックに酸素と水素を取り込み、化学反応による電気でクルマの動力を生み出す。その反応では水が生成され、ガソリン車のようなCO_2などの温室効果ガスは排出されないことから、未来のクリーンなモビリティとして期待されている。

引用元　http://toyota.jp/mirai/

感覚感性価値

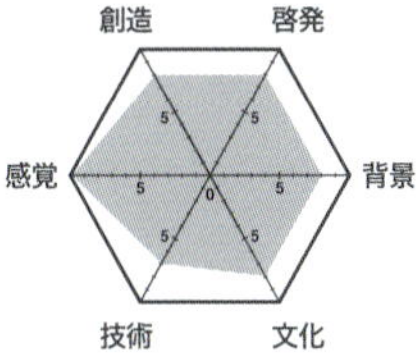

【Aman Resorts　リゾートホテル】

最高級の遊び心と徹底したパフォーマンスでゲストを出迎えてくれる極上リゾート。謙虚で誠実、決して華美すぎないサービスは､日本に古くから根付く「おもてなし」の精神に通じるものを感じ取ることができる。洗練されたホスピタリティは一度訪れた者の心を離さない。

引用元　http://www.kwj.co.jp/aman/

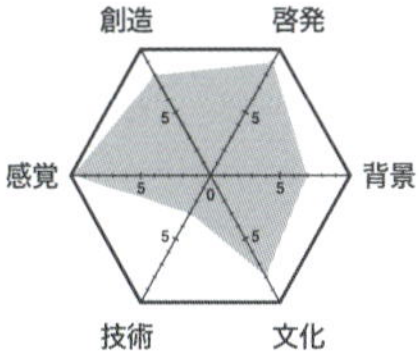

【茶事】

自然光や明かりの下で懐石を頂く正午の茶事、また蝋燭を灯した夜咄の茶事。時に応じた静寂な空間の中、感性は研ぎ澄まされ、一椀のお茶を通して、主客ともに一体感が生まれる。客人は、一期一会の精神であらゆる準備や心くばりをしている亭主の心を五感で感じ取り、茶道の深い哲学を感じ取る。茶事には、静かな高次元の感性のやり取りがある。

引用元　http://www.isseymiyake.com/

創造感性価値

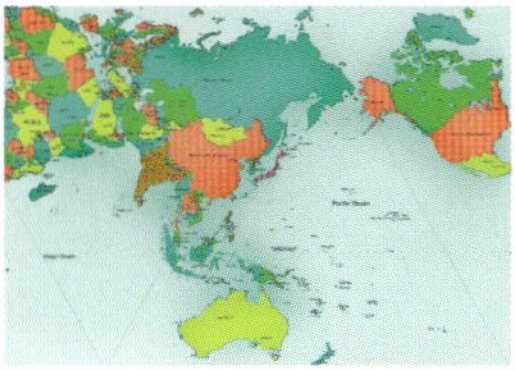

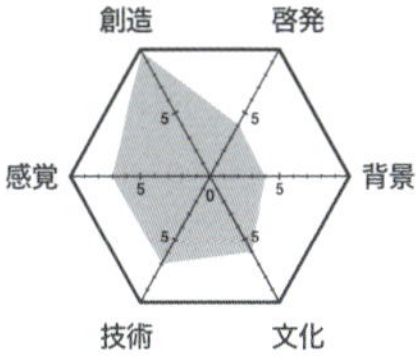

【オーサグラフ等面積地図】

地球の表面積を96等分し、それらの面積比を保ちながら正四面体に変換して作成された世界地図。正四面体を展開させた地図はかぎりなくシームレスにつなぐことができ、地図上のどのポイントからも三角形、平行四辺形、長方形などの世界地図を切り取ることができる。名称はauthalic（面積が等しい）とgraph（図）に由来する。

引用元　http://www.authagraph.com/top/?lang=ja

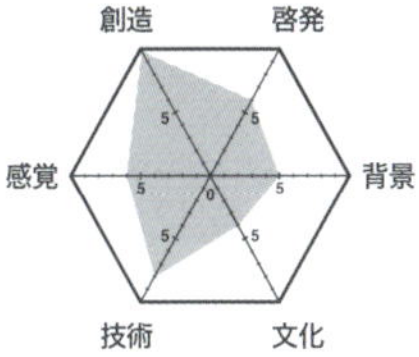

【MaBeee 電池型IoT製品】

マビーはおもちゃやライトなど、単3の乾電池で 動く製品をスマホ専用のアプリでコントロールできるようになる乾電池型IoT製品です。専用アプリを使って操作することで、おもちゃを動かしたり、イルミネーションの演出をしたりして、さまざまな遊び方を楽しむことができる。

文化感性価値

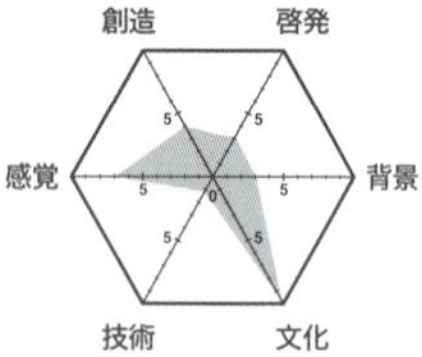

**【ディズニーコラボ商品
版権許諾商品】**

日用雑貨や玩具、食料品などに、ディズニーが版権許諾したキャラクターがついているだけで販売数量が伸びる。これはディズニーが映画を通じて育ててきたキャラクタービジネスの歴史が、世代を経て親しまれ、文化的背景として価値が引き継がれていることに起因している。

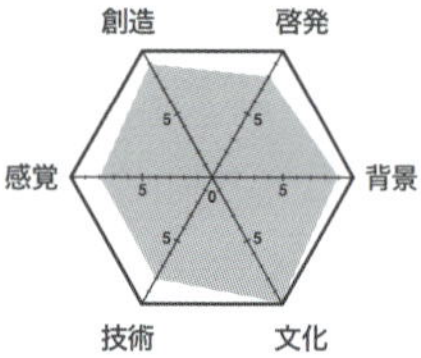

【GO ON　伝統工芸×クリエーター】

京都を拠点にし、「伝統工芸」と言われてきたものを受け継ぐ若い後継者が、自分たちの技・素材を 国内外の企業・クリエーターに提供し、今までにない新しいものを生み出していく、プロジェクトユニット。先人への敬意を払いながらもその価値の根本を見極め、材となって他のクリエートに気高く飛び込んでいく。

引用元　http://goon-project.com/

背景感性価値

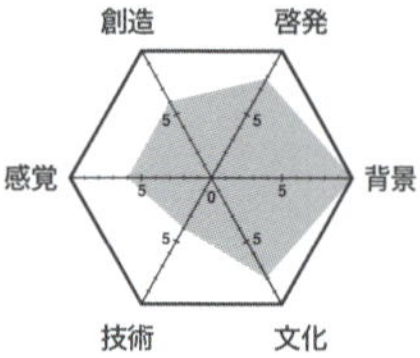

【勝山「のれんの町」地域おこし】

草木染の染織家、加納容子氏が、自らの店の軒先に『のれん』をかけたことがきっかけとなり、今では110軒を越えるのれんが商店や一般の民家にまで拡がり、一躍観光スポットとなった。岡山県真庭市の城下町勝山は「のれんの町」として「町並み保存地区」に指定され、「遊歩百選」、2011年度地域再生大賞の優秀賞などを受賞している。地元への愛着が生み出した地域振興の例である。

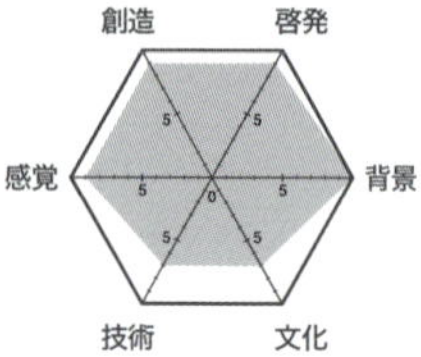

【里山十帖　体感型温泉宿】

新潟・南魚沼地域の「食」と「農」の連携など、その場で体験できる10のテーマを集めてつなげることで、単純に「泊まる」だけではない価値が生まれ、それが、そのままメディアになることを理念としている温泉宿。何度再生しても破綻する大沢山温泉の老舗旅館を蘇らせた、雑誌自遊人を発行する岩佐十良氏の苦節の物語の背景に、誰もが感性を揺さぶられる。

引用元　http://www.satoyama-jujo.com/

はじめに

「感性」とはコミュニケーション能力だ

みなさんは「感性」と聞いて、なにを思い浮かべるだろうか？

「感性」とは「コミュニケーション能力」だとも言える。会話する相手が笑顔でうなずけば、こちらの気持ちもプラスに作用し、うなずきもせずにムスッとされれば、理解してもらえないのかとガックリする。要は、相手は自分の鏡なのだ。自分が良い顔をしていれば相手も良い顔になる。

打ち合わせの最中に腕組みをしている人がいるが、これは相手を拒否しているのと同じである。腕組みは確実に相手にマイナスのイメージを与える。腕組みは相手を拒み、うなずきは相手を受け入れる。禅の教えでは、人と人との気持ちの良い関係を築くための所作がある。心遣いの行為がさまざまな所作へと進化するのだ。

昔、私が三洋電機の社員だったころのことだ。もともと物理系の出身で、デザイン学校を出ていなかったこともあり、希望するデザインの仕事をさせてもらえない不遇な時代があった。

そんなあるとき、精神的に辛くなり、叔母に相談したら、「滝浴び修行でもやる?」と、とんでもない提案をされた。季節は極寒の2月。しかし引っ込みもつかず、「神戸・甲陽園の天竜の滝」に行ってみた。

用意されていた白装束に着替え、いよいよ滝浴び開始である。氷が張っている山道を裸足で歩いていく。手水を指先から浴び、だんだん心臓に近づけていく。頭にかぶると、もう凍え死んでしまいそうな冷たさだ。

滝に入る前にお坊さんが「水になれ」というのだが、そのときは意味がわからなかった。滝浴びというのは、実際にやってみると見た目よりずっとむずかしい。自然の滝は流れが急に強くなったり弱くなったり、常に流量が変わる。強くなると吹き飛ばされそうになり、弱くなると後ろに倒れそうになる。

体があっちこっちにもって行かれて、滝の中に立つことさえままならない。そのうえ、ずっとお経を唱えていると一種のトランス状態のようになり、あまりの冷たさで感覚が麻痺し、体に力が入らなくなってくる。

そして、フッと体の力が抜けた瞬間、水に体を任せているような感覚が訪れた。水の流れに全身を包み込まれて、滝に守られているようだった。力を入れるとすぐに弾き飛ばされる滝の中を、力を入れないことで自然に揺れて立っていられるのだ。その様子をお坊さんが遠くから見守っていた。

修行が終わって震えていたら、

「滝浴び修業は経験あるのですか？　あそこまでになるのに普通は何年もかかります。水になっておられました」

と声をかけられた。

「ああ、こういうことなんですね」

と、そのときやっと腑に落ちた。自我を消して水になりきること。水と同化すること。しかし、このときは、とにかく早くここから帰りたい、こんな思いをするくらいなら、デザインで苦労するほうがましだと思うばかりだった。

思い返してみると、あのお坊さんとのやり取りが、感性のコミュニケーションだったような気がする。つい、聞き逃してしまうような「水になれ」というフレーズを聞くともなく、うちの中にしばし滞留させ、そして自分に起こりえた状況にその言葉を重ね合わせ、悟りを得るという非日常的な感覚は、全身の感覚器官が研ぎ澄まされ、煩悩から解き放たれたからかもしれない。

その後、私はデザインの学校を出ていなかったことで、デザイン実務が回ってこなかったという状況に対し、悩んでいないで評価を外に求めてみようと、手当り次第に社外のコンペに応募しはじめた。そして運よく次々と受賞することになる。

のちに家電商品シリーズ「it's（イッツ）」となるベースコンセプトが私に任された。余分なスイッチなどは一切取ってしまったミニマルなシリーズだ。「ボランタリー・シンプリシティ」といって、自らを簡素化し、いらないものを一切排除する生活というコンセプトは大ヒットした。

滝に打たれたり、厳しい修行をしたりすることで、生命の危機を感じるくらいの大変な目にあうと、初めて見えてくるものがあるのかもしれない。滝修行のおかげか、それが「悟り」というものであることに気づかされた。一度滝に打たれたくらいで悟りだなんていったら笑われてしまうかもしれないが、修行をしている人はそういう感性を見つけにいっているのではないかと、つくづく思う。

「感性」がある人、ない人

「感性のある人」というのは、気づく人、人の心が読める人、なりきりができる人。感性というのは人に伝えて初めて感性になるのであり、表現したり、行動しなければ、それは感性のない人と同じである。おいしいものを食べてもなにも言わない人は、感性があるとはいえない。感性の発信者に対して受信者がいて、双方が互いに共感しあうコミュニケーションなのだ。

たとえば、アップル社のスティーブ・ジョブズは思い浮かべた感性を、実際に行動して世に発表した。自分の頭の中にある、商品、パッケージ、サービス、インターフェイスを現実に形にしていく。その感性が、受信者、つまり消費者に伝わって、感動が生まれる。感性のコミュニケーションで重要なのは、行動する、形にするということだ。

逆に「感性のない人」というのは、気づかない人である。上司との会食で上座に座ってしまう部下もそうだろう。空気が読めていなかったり、マナーを知らなかったりするのも、感性がないのと同じである。そういう人が、実はすごく多い。飲食店で入り口の電気が消えてシャッターが閉まっても、平気でまだ飲んでいる人。新幹線で靴を脱いで前の席に足を伸ばしている人。まったく周囲が見えておらず、マナーの悪い人が、なぜこれだけ増えたのかと思う。空気が読めず気づかない。自分が見えていない。こういう人は、共感力が必要な仕事には向いていないだろう。

不可能も可能にする「感性」

ブランド、そして知財。「今はまだないもの」が価値をもつ時代になってきた。アメリカでは映画産業の影響も大きく、SF映画に登場するハイテク機器が少しずつ現実化されているように、コンテンツが先に走っていき、その後、実現化していくという流れさえある。「今はまだないもの」を知財化するということが習慣化しているのだろう。ドラえもんのひみつ道具を実現する、富士ゼロックスの「四次元ポケットPROJECT」しかり、「これは、スタートレックを見て真似したのだろう」なんて話も出てくるわけだ。未来を見せようとする力は非常に大きなエネルギーになる。

かつて、アメリカが月に行くことを目標にしたように、ワクワクするような未来があれば、そのプラス志向に啓発される人も増えていくだろう。しかし、「今はまだないもの」には、マーケティング論理が効かないし、それをビジネスにするには夢と相反する多大なリスクがある。

では人はなぜ、そこまでしてこのリスクに向かおうとするのだろうか。実はこのリスクをリスクとして感じさせないだけの魅力を発信し、それに賛同する受信者の感性コミュニケーションが成り立てば、これは大きなビジネスになる。言いかえれば、「感性」をコントロールすれば、不可能も可能になる。

本書は、ビジネスにおいて、「感性」が成功要因になることを明白にしたものである。感性のメカニズムを深く探ることは、「共感力」、すなわち、人の心の中を覗くことにほかならない。すべてのビジネスの最強メソッドになるのだ。

平成29年12月吉日

村田　智明

第1章　「感性」とは何か

第3章　「感性」を育てる

第4章　日本に必要な「感性価値」

第5章 ビジネスを成功に導く「感性ポテンシャル」

第 1 章　「感性」とは何か

1 「感性」の真実

日本語がもつ豊かな「感性」

感性とは、感じる能力（感覚力）のことである。ぼんやりしていると見過ごしてしまうような些細なものでも、とらえることができる力だ。ここでいう「感じる」とは、五感（視覚、聴覚、臭覚、味覚、触感）、すなわち身体のセンサーで知るということだ。

四季を感じられる風土に育ち、素材そのものを生かそうとする日本の文化は、外国人にはわからない微妙な味の違いをはじめ、季節や人情の機微も感じとることができる、豊かな感性をもつ民族だといわれているのは、すでに周知のことだ。映画にしても、手振り、身振りやアクション中心の外国映画を「動」とするなら、心のやりとりを描く「静」が極めて日本的だといえる。

四季が私たちにもたらした感性は、擬音語にも表れている。雨が「しとしと」「ざーざー」「ぽつぽつ」、風も「ゴーゴー」「ビュービュー」「そよそよ」と、実際の音に近い言葉でコミユニケーションを図《はか》る習慣があり、明らかに多くの細やかな表現力をもっている。触感だけでも、「ふわふわ」「ぬるぬる」「べとべと」「サラサラ」「ざらざら」「カチカチ」「シャキシャキ」など、ふたつの音節が重なる独特の擬態語による表現方法だが、これで感性が伝わるようにできている。布団は触っても「ふわふわ」とは言わないが、それでも「ふわふわ」がイメージを共有するのに最も言い当てた感性表現なのだ。

フランスではこのふたつの擬態語、擬音語を総称して、擬声語（オノマトペ onomatopee）としている。実は各国にこういった感性表現はあるのだが、日本語には圧倒的に多い。英語では２００〜３００語あるのに対し、日本語では３０００語以上だといわれている。この擬声語によって私たちは、同じ感覚を瞬時に共有することができることから、私はこの擬声語をインターフェースツールとして位置づけている。

感性はインターフェースであり、そもそも気づかないとつながらず、的外れな言葉では、共感しあうこともできないのだ。日本語を知らない外国人に、この言葉だけを聞いて、その状態をあてもらう実験をした（図表１）。これは、日本の擬声語が直感的に理解できることを示している。

選択肢	正解	日本語がわからない人の回答比率

Q6．以下の3つは物をたたく音の擬声語です。
A～Cの中で「最も激しいイメージ」の擬声語はどれですか？

A. とんとん		28.81％
B. こんこん		32.20％
C. ばんばん	○	38.98％

Q7．以下の3つは旗がなびく音の擬声語です。
A～Cの中で「最もゆっくりなびいているイメージ」の擬声語はどれですか？

A. ばたばた		25.99％
B. ひらひら	○	49.15％
C. ぱたぱた		24.86％

Q8．以下の3つは硬さを表す擬声語です。
A～Cの中で「最も硬いイメージ」の擬声語はどれですか？

A. ぷにぷに		27.12％
B. かちかち	○	50.85％
C. ふわふわ		22.03％

Q9．以下の3つは物の表面の状態を表す擬声語です。
A～Cの中で「最も滑らかなイメージ」の擬声語はどれですか？

A. べたべた		22.03％
B. ざらざら		31.07％
C. さらさら	○	46.89％

Q10．以下の3つは笑い声を表す擬声語です。
A～Cの中で「最も激しいイメージ」の擬声語はどれですか？

A. くすくす		30.51％
B. げらげら	○	53.67％
C. にこにこ		15.82％

図表1 擬声語認識力調査アンケート

選択肢	正解	日本語がわからない人の回答比率

Q1.「飲み物を飲む様子」を表現している擬声語はどれですか？

選択肢	正解	日本語がわからない人の回答比率
A. ちょろちょろ		20.78％
B. ごくごく	○	48.05％
C. しゃかしゃか		19.48％
D. めらめら		11.69％

Q2.「涙のこぼれる様子」を表現している擬声語はどれですか？

選択肢	正解	日本語がわからない人の回答比率
A. むくむく		40.26％
B. ばきばき		14.29％
C. からから		22.08％
D. ぽろぽろ	○	23.38％

Q3.「物事がスムーズに進む様子」を表現している擬声語はどれですか？

選択肢	正解	日本語がわからない人の回答比率
A. ぐねぐね		16.88％
B. がしがし		31.17％
C. すらすら	○	33.77％
D. どすどす		18.18％

Q4.「動作が遅く、ゆっくりとしている様子」を表現している擬声語はどれですか？

選択肢	正解	日本語がわからない人の回答比率
A. しゅんしゅん		20.78％
B. ずんずん		19.48％
C. のろのろ	○	41.56％
D. すいすい		18.18％

Q5.「布状のものが揺れる様子」を表現している擬声語はどれですか？

選択肢	正解	日本語がわからない人の回答比率
A. ひらひら	○	45.45％
B. ずばずば		27.27％
C. ぱちぱち		15.58％
D. しんしん		11.69％

「感性」の定義

なぜ私たちはこうして、言い古されてきた「感性」について、あらためて論じる必要があるのだろうか。その答えは、極めて明快である。感性の是非が決定的なビジネスの成功要因となることは明白なのに、感性の定義は曖昧、さらに感性を測る尺度がない。つまり、「感性」という名のブラックボックスを分析する必要があると考えたからである。

まずはじめに、工学院大学名誉教授で、日本感性工学会会長を歴任された椎塚久雄氏の『感性工学ハンドブック』（朝倉書店）から感性の定義に関する論説が得られた（以下、引用）。

ドイツの哲学者バウムガルデン（Alexander Gottieb Baumgarten・1714～1762）は、感性的認識についての学を哲学史上初めて美学として位置づけ、カントに影響を与えた。彼は初めて「感性的認識」という言葉、ラテン語のaestheticaを用いて「美学は感性的認識の学びである」と定義した。美を調和した表現をもつ感性的認識の完全性として規定し、1750年に自然美と芸術美に関する学問として「感性学（aesthetics）」と名付

けた。フェーベル（Lucien Paul Victor Febvre・1878〜1956）は、感性という言葉を14世紀初頭から確認されるフランス語のsensibiliteととらえ、17世紀には真や善といった倫理的領域の印象に対する人間の感じやすさ、18世紀には憐れみ、悲しみ等の人間的感情にかかわるものであったとしている。西欧ではこうした流れがあるものの、日本ではaestheticaは「美学」と訳された。

このような流れに伴って、日本でも感性に関する研究が盛んになり、いろいろな側面から感性をとらえる試みがなされてきた。特によく使われるのは、漢字の語源から、「感性」を「sensitivity」「sense」「sensibility」「feeling」「aesthetics」「emotion」「affective」「intuition」などといったさまざまな意味を含むとしている点である。

また、哲学的観点から日本語の「感性」という言葉は、明治期にドイツ語「Sinnlichkeit」の翻訳語としてつくりだされ、漢字の「感」と「性」の意味から、宇宙全体を構成する陰と陽の2つの性質の気が感応し、交感することで能力を発揮するものととらえられている。

また、「Sinnlichkeit」の「Sinn」には「感覚、官能、感管、意識、気、知覚、自覚、感性、勘、センス、素質、才能、趣味、性格、嗜好、思慮、分別、考え、知力、理性、判断力、心、意志、真意、精神」という意味があることを指摘しているが、こうしたことからも、「感性」は才能や素質といった先天的な側面だけでなく、人間の嗜好や思慮分別を決定づける後天的な側面をもち、さまざまな環境の中でほかとの交感を重ねることで力を発揮しながら磨かれるものと思われる。

一方、感性関連の研究者に対して感性という言葉についてのアンケート調査から、次のような結果が得られている。以上のことから、感性は多面的な機能を有するものであると考えられる。

【研究者の感性に対する解釈例】

□デザイン学分野の研究者に多い解釈
先天的な性質に加えて、知識や経験に基づいて後天的に学習される認知的な表現能力。

□情報科学分野の研究者に多い解釈
外界からの刺激に対する表象であり、主観的であり、論理的に説明しにくい行動。

□言語学、デザイン学、情報科学分野の研究者に多い解釈直感的な創造と知的活動とが融合し、相互作用により差別化された変化に対する判断。
□感性情報処理の研究分野の研究者にみられる解釈
生成されたイメージを情報として再生産し、創造する心のはたらき。
□芸術学、総合造形学、ロボット工学分野の研究者にみられる解釈
美や快などの価値を構成する特徴的な部分に対して瞬時に反応し評価する能力。

このように、椎塚氏は「感性」に対する解釈をとらえている。
さらに「感性」知見を深めるために、私が非常勤で関わっている九州大学の感性研究も紹介する。九州大学大学院芸術工学研究院副学部長で、元九州大学感性融合デザインセンター長（現未来デザイン学センター長）を務める森田昌嗣氏は、「感性」に対して次のような解釈をしている。

「感性」の定義は美学などの哲学的、心理学的に多様な解釈が行われており、既定されていないが、非言語的、無意識的、直感的に「ひと」に作用する外界からの刺激に応じて感受する能力であり、悟性（対象を理解する能力）の素材となり、理解のもとに推論を

行う理性に結びつくとされる。

さらに、感性と理性の対比によっても、感性を知り得るとして次のように述べている。

人間社会の永い歴史的過程には、「ひと」としての根源的能力である「感性」と構築的能力である「理性」の相互作用によって文明を、そして文化を形成してきた。つまり「感性」と「理性」の関係によって文明と文化が形成されると考えることができる。その時代における人々の「理性」の構造化が文明であり、その文明を人々の「感性」によって投影して映しだされたのが文化といえる。日本を例に「感性」と「理性」の関係を考えてみる。極東（西側諸国からみての東だが）に位置するわが国は、特有な文明と文化を育んできた。西側の国や地域からの文明と文化は、伝承の連鎖によって最東端のわが国へ伝えられてきた。ところがわが国の東側は太平洋をひかえ、更なる伝承の地が存在しない。そのためにわが国は、西側の文明と文化の終着地となり伝播することはできず醸成させることに価値を見いだすこととなる。伝播でなく醸成のためにもち込まれた文明と文化を理解する、つまり醸成の悟性を繰り返すことによって、特有な解釈となる内在的「感性」を育むことになったのではないだろうか。特に近世江戸期のわが国は、鎖国という排他的な政策の歴史的な是非は問われているが、公家社会を経て武家社会の室町期から培ってきたほかに類のない個性豊かな思想、芸術、文化を醸成させ開花させた。「感性」と「理性」の調和が生みだした「ひと」の「こころ」を美しい作法、もの、そして場の連携した〝しくみ〟にかたちづくっている。『この国のかたち（文藝春秋）』で司馬遼太郎は、わが国で永年培われてきた有形無形の美しく誇るべき〝かたち〟を語っている。

この森田氏の論説にあるように、感性は理性との並走によって、その国々の時代を創ってきたともいえるだろう。

「感性」という言葉のギャップ

こうした感性の定義を論じるとき、私たちがふと日常使いしている「感性」という言葉とのギャップが、実はかなりあるのではないかと不安がよぎる。

実際に私たちが多用している「感性」という言葉は、果たしてこのような研究者的な解釈

図表2 「感性がある」と感じるときはどんなとき？ アンケート結果

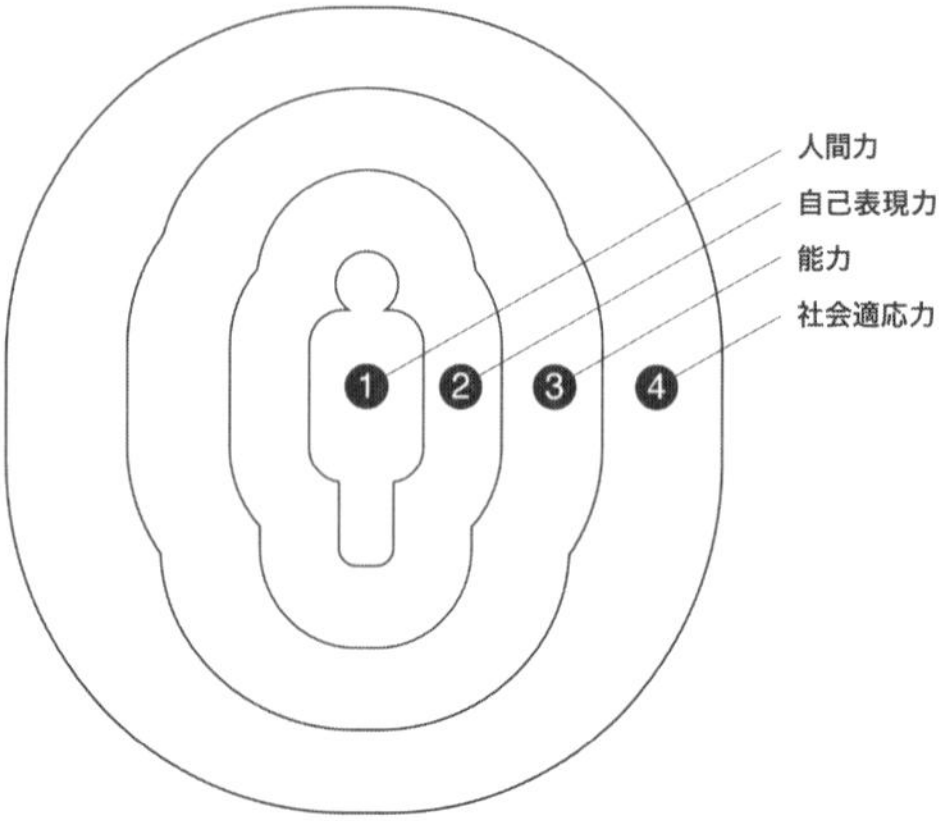

❶ 人間力

・性格（優しさ、気遣いなど）
例）人を気遣う言葉、仕事が丁寧など

・存在（アイデンティティ、存在感、独創性など）
例）風情がある、人と違う、理由なく惹かれる、凛としている、自分とは違う存在
自分のキャラがわかっているなど

23.9% 京都造形芸術大学
17.3% 九州大学

❷ 自己表現力

・感情（表情、言葉、反応）
例）笑っているとき、風景を見て感動しているなど

・行動（しぐさ、表現など）
例）可愛いしぐさ、身振り、手振りなど

23.7% 京都造形芸術大学
22.5% 九州大学

❸ 能力

・スキル（自分ではできない技術、感動するような技術）
例）字が綺麗、モノのたとえ方がうまい、良い作品を作る、ダンスがうまい、料理がうまい

・好み（いわゆるセンス、こだわり）
例）ファッションがおしゃれ、着こなしがうまい

・知性（言動、知識、見方、ボキャブラリー、アドバイス、ユーモア、視点、頭の回転、見抜く力、発想など）
例）的確なアドバイスをくれる、ユーモアがある、アイデアの出るスピードが速い

40.8% 京都造形芸術大学
54.1% 九州大学

❹ 社会適応力

・品位（マナー、言葉遣い、立ち居振る舞い、配慮など）
例）お年寄りに席を譲る、お箸の持ち方、食べ方がきれいなど

・共感（コミュニケーション能力、価値観など）
例）自分と同じ価値観を持つ人、共感できる人

11.6% 京都造形芸術大学
5.72% 九州大学

で使っているのだろうか。特に、感性を武器に生きようとする若者たちにヒアリングを行い、リアルな感性感を聞きこむ必要があると思った。京都造形芸術大学の学生たち、九州大学の学生たちに協力をお願いし、「感性があると感じるときはどんなときですか?」というアンケート調査を実施した（図表2）。

結果、「感性がある」と感じるときは、その人の能力を意味するとする人が47・45%でトップだった。この能力とは、自分ではできないスキルや、好みやこだわりから見えるセンス。そして言動や知識、見方、ボキャブラリー、アドバイス能力、ユーモア、視点、頭の回転、見抜く力、発想力などの知性からくる「能力」を加えたものだ。

次いで、自己表現力に長けていること。

つまり、「感情表現表情や言葉の選び方や反応（の仕方）」あるいは「行動のしぐさや身振り」に感性を感じるとした人が、23・1%だった。三番目に挙げられたのが、「人間力」で20・6%。ここでは、優しさや気遣いのできる性格やその人自身の存在感を指している。存在感をわかりやすくいえば、アイデンティティがはっきりしていて、オーラがあり、自分のキャラを理解している状態である。

そして最後に、「社会適応力」だとする人が8・85%だった。マナーや言葉遣い、立ち振る舞いなどの品位、コミュニケーション能力や価値観などの共感を要するものがこれに相当する。

こうして、学生たちの「感性」に対するイメージを並べてみると、人間力を中心に社会性へと外へ広がる円形の図式が浮かんできた。これは、どれが意味として間違いでどれが正解だというものではない。この図式自体が感性の真実なのだと思う。自身を鍛え、自らの感性を研ぎ澄ましたときに社会適応性が高まり、共感を呼ぶことができると言えよう。

簡単なアンケートだったが、ここでの感性とは、人間力によって利他を生かす能力だったのだとあらためて理解できる。

理論の中の「感性」と日常の中の「感性」

ここまで、感性研究に関する歴史的背景、研究者の論じる感性の解釈、そして一般的に私たちが使っている感性という言葉について述べてきた。しかし、研究者の解釈では、私たちが日常使っている「感性」という言葉との遊離があるかもしれない。そこで、椎塚氏の論説にある研究者の考える「感性」とふたつの大学生のヒアリングから知り得た「感性」を対応させてみることにする。

□デザイン学分野の研究者に多い解釈

「感性」とは、先天的な性質に加えて、知識や経験に基づいて後天的に学習される認知的な表現能力。

これに対しては、マナーや作法を理解して振る舞う品位や、相手の価値観を理解して共感を試みる「社会適応力」が当てはまる。そして、ダンスがうまい、料理がうまいなどのスキル、着こなしが良いなどのセンス、場を読んでユーモアのある会話をしたり、機転を利かしたり、本質を見抜いたりする「能力」などは、すべて先天的な性質に後天的な知識や経験から適応する能力を身につけたものだと考えられる。

□情報科学分野の研究者に多い解釈

「感性」とは、外界からの刺激に対する表象であり、主観的であり、論理的に説明しにくい行動。

これに対しては、表情や言葉による感情表現、しぐさによる行動表現など、外界からの刺激に対するその人特有の反応として「自己表現力」を感性の解釈としている。恥ずかしがったりする仕草、感動したときの表情や言葉、すべて主観的で論理的には説明しにくい個人特有の表現力なのだ。

□言語学、デザイン学、情報科学分野の研究者に多い解釈

「感性」とは、直感的な創造と知的活動とが融合し、相互作用により差別化された変化に対する判断。

前の2項目が感性を発信する側を主体にしているのに対して、この項目は感性を受信する側に主体を置いている。発信者の活動によって生みだされた成果物は、なにかしらの差別化されたポテンシャル（潜在性）をもっていて、その差異をどう読み取るかは個人個人の「判断」になるということ。その能力は、個人個人で異なり、ある人には多大な感動を与えて人生を変えてしまうが、ある人には目にも入らないかもしれない。

発信された感性に反応するセンサー、それを自分なりのフィルターで仕分けし、それに対する自分の「判断」をもち、言葉や表情で反応表現することを感性の解釈としている。

□感性情報処理の研究分野の研究者にみられる解釈

「感性」とは、生成されたイメージを情報として再生産し、創造する心のはたらき。

前述の「判断」に対して、その反応表現としての、表情や言葉があった。さらにそれを個人個人の解釈でイメージを再構成し、新たなアウトプットを生みだす創造行動である。たとえば、流行りの言葉に擬えたトレンドワードを生みだしたり、過去の事例からたとえ話をして相手を説得したり、異国文化の経験から新たな商品を開発したりするのは、すべて感性の再創造にほかならない。

□芸術学、総合造形学、ロボット工学分野の研究者にみられる解釈

「感性」とは、美や快などの価値を構成する特徴的な部分に対して瞬時に反応し、評価する能力。

これは、感性情報をとらえるセンサーと解析能力のことだ。先天的な感受性能力に加えて、後天的な知識や経験に裏付けされた瞬時に判断して評価できる解析能力が、感性の解釈としている。

感性情報の自分化

人が特定の感性に反応するかどうかは、その人自身の後天的な経験値に左右されるのが大きいことがわかった。では、どのようにして経験値が知覚をコントロールするのであろうか。これをわかりやすく図式化したものが、図表3である。

私たちの身の回りにあるさまざまな「感性情報」を五感の知覚でとらえるのが第一ステップ、次にこの情報をフィルターにかけ、情報処理するか、そのまま流すかという情報の認知・判別が第二ステップ、第三のステップは、そのフィルターを通過した情報をストックするかどうか。つまり記憶するかどうかである。記憶されるような印象深い情報は、その原型をベースに自分化されていくことになる。その際に、過去の経験やその人のパーソナリティによって情報が捻出されていく。

「……にインスパイアされました」という会話があるが、これこそが感性情報の自分化で、創造力の豊かな人は、この感性情報を自分化することに長けていると考えるとわかりやすいだろう。

このように単なるストックから自分化された情報のストックに変わるにしたがい、入ってくる感性情報へのフィルターの精度が高くなり、より鋭い眼力をもつようになると考えられる。このストックの在り方は、単なる情報の自分化だけでなく、社会性やマナー、知識など社会に適応できるスキルによって、さらに普遍性のあるものへと高めることができるのだと考えられる。

（感性情報のストックと自己表現・創造のメカニズム）

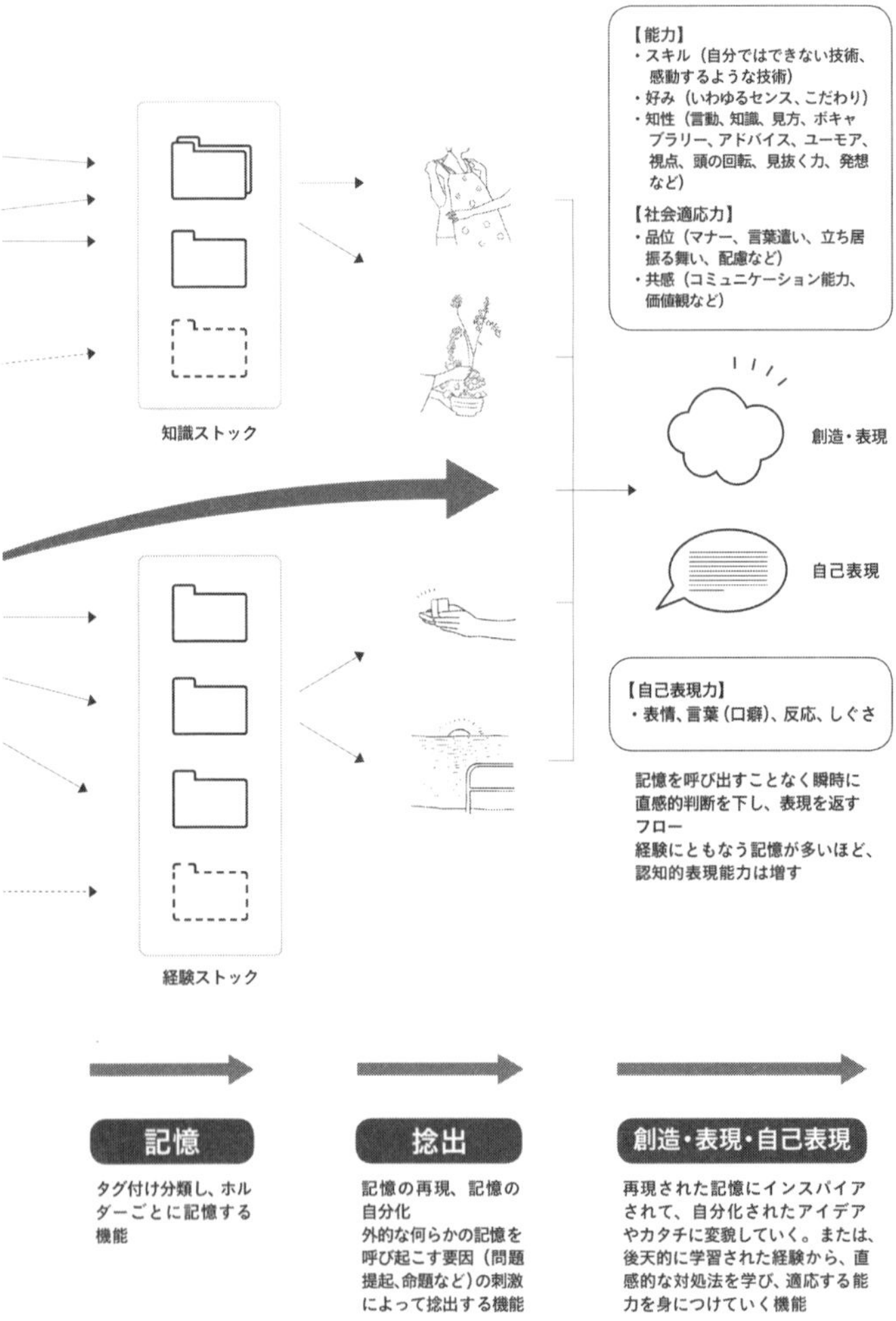

図表3 「感性情報処理」というプロセス

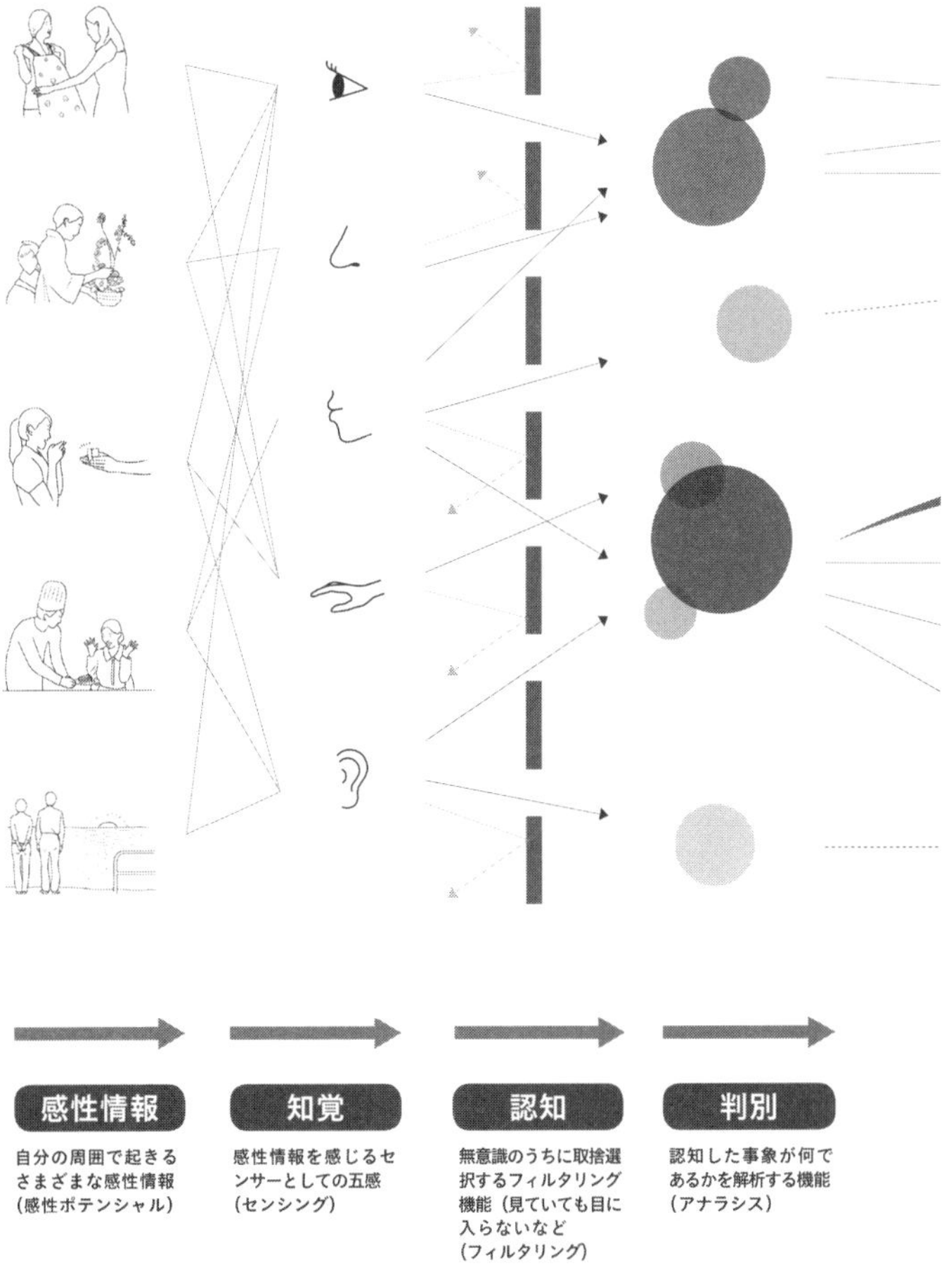

2 情報の取捨選択と俯瞰力が感性を高める

情報社会に生きる私たち

私たちは「若い人は感性がある」とよくいう。年齢にしたがって感性は鈍るのだろうか。たとえば若くて流行りものに敏感な女子高生は、一見、感性があるように見えるかもしれない。だが、単純になにかを見て「かわいい」「おもしろい」といっているだけでは、本当の感性とは呼べない。それは自分の意思ではなく、身の回りにある情報に流されているだけの場合が往々にしてあるからだ。みんなが良いといっているものを自分もチョイスすることで、群れから外れていないという安心感を得ているだけであり、受け売りにすぎない。

情報社会に生きる現代の子どもたちは、みんなと共有できる情報を常に取得して、淘汰されないように必死なのだ。いわゆる「空気を読む」習慣が身についているのも、日本人という島国特有の感性かもしれないが、それは自分自身の感性のフィードバックではない。だから、「私はかわいいと思う」ではなく、「みんながかわいいと思う」ものに同意しているというのが正しいだろう。

つまり感性とは、①センサーのようにそれをとらえ、②自分のフィルターで味わい、③自分なりのフィードバックを行うことである。自らで感じとった中から必要な情報を取捨選択して発することなのだ（図表4）。

具体的に感性のやり取りのメカニズムを理解するために、私たちがなんらかの商品に出会い、それをどう感じるかといった状況を想像してみるとわかりやすい。

世の中に創造物を発信している「創り手」と、それを受信する「受け手」の間にあるインターフェースが、「人」「モノ・コト」「情報」の3つで、これによって創り手と受け手はつながっている（図表5）。具体的に説明してみよう。

□創り手

「創り手」とは、「本来の自分」のことである。本来の自分は、○○会社の社員でもあるし、妻子をもつお父さんかもしれない。住んでいる環境、社会での境遇、世間的評価、その人を培ってきた歴史、人間関係といった、その人の周囲を取り巻く状況下にぽつんと置かれている。この創り手から、「人」「モノ・コト」「情報」などが発信される。

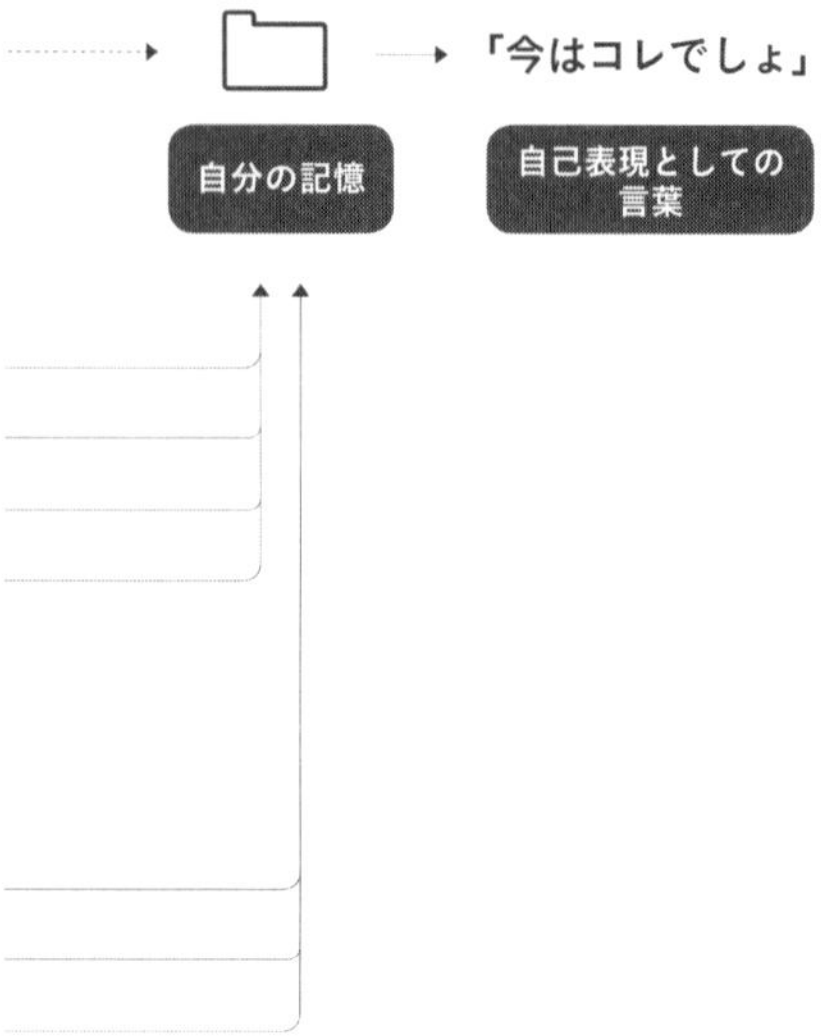
「今はコレでしょ」
自分の記憶
自己表現としての
言葉

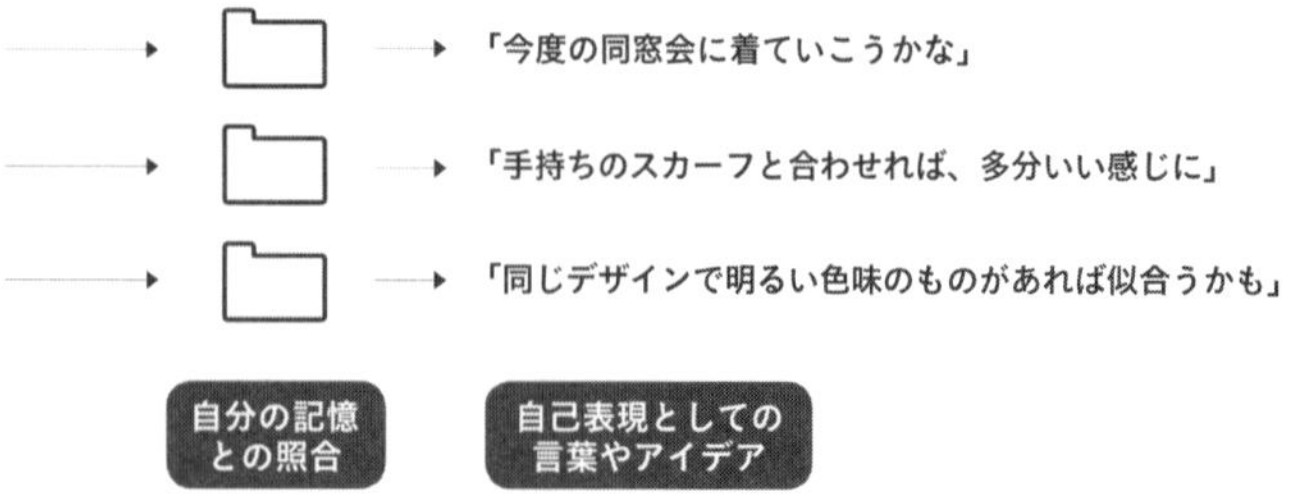
「今度の同窓会に着ていこうかな」
「手持ちのスカーフと合わせれば、多分いい感じに」
「同じデザインで明るい色味のものがあれば似合うかも」
自分の記憶
との照合
自己表現としての
言葉やアイデア

図表4　情報化社会が引き起こす「空気を読む」習慣

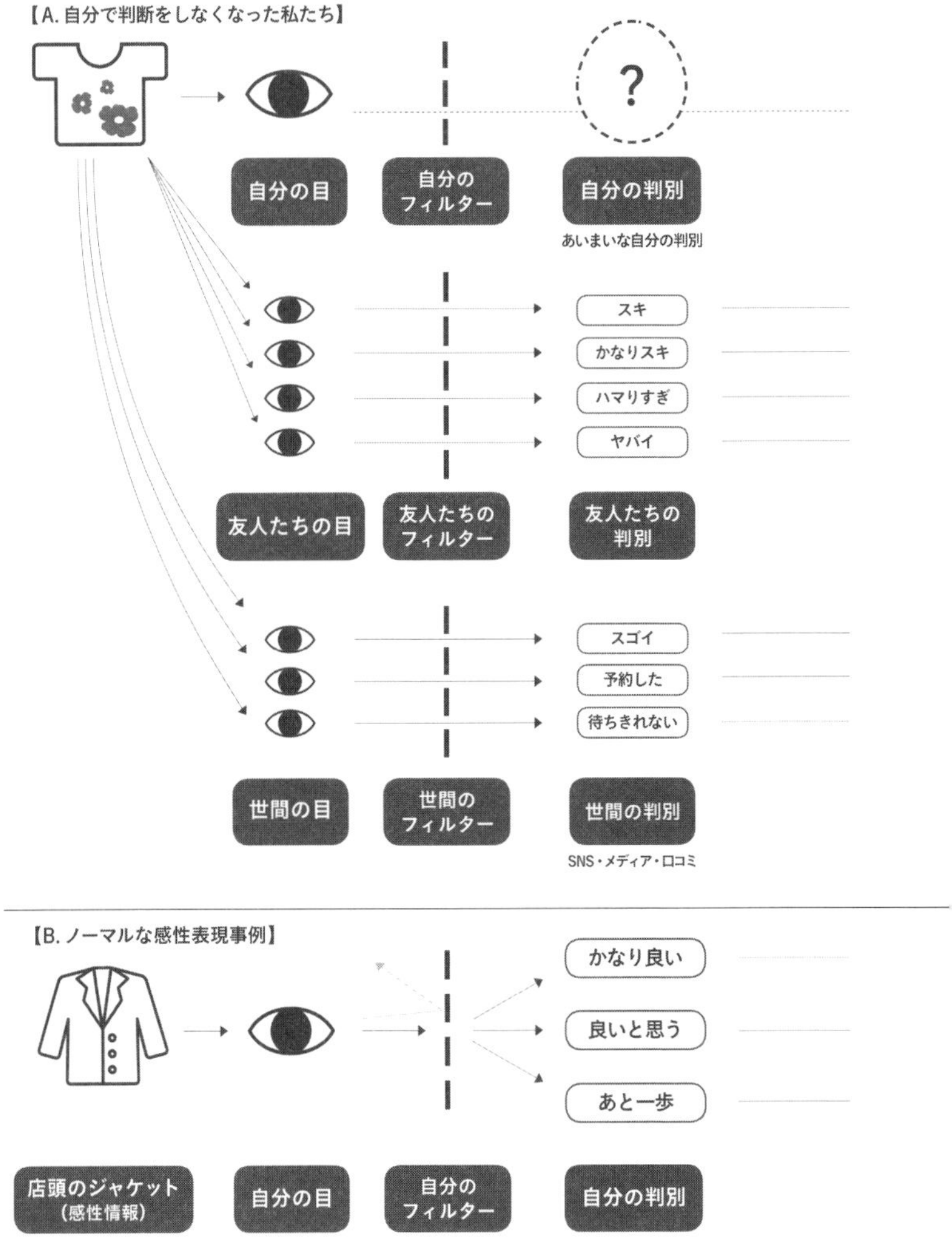

図表5　創り手と受け手をつなぐ「人」「モノ・コト」「情報」

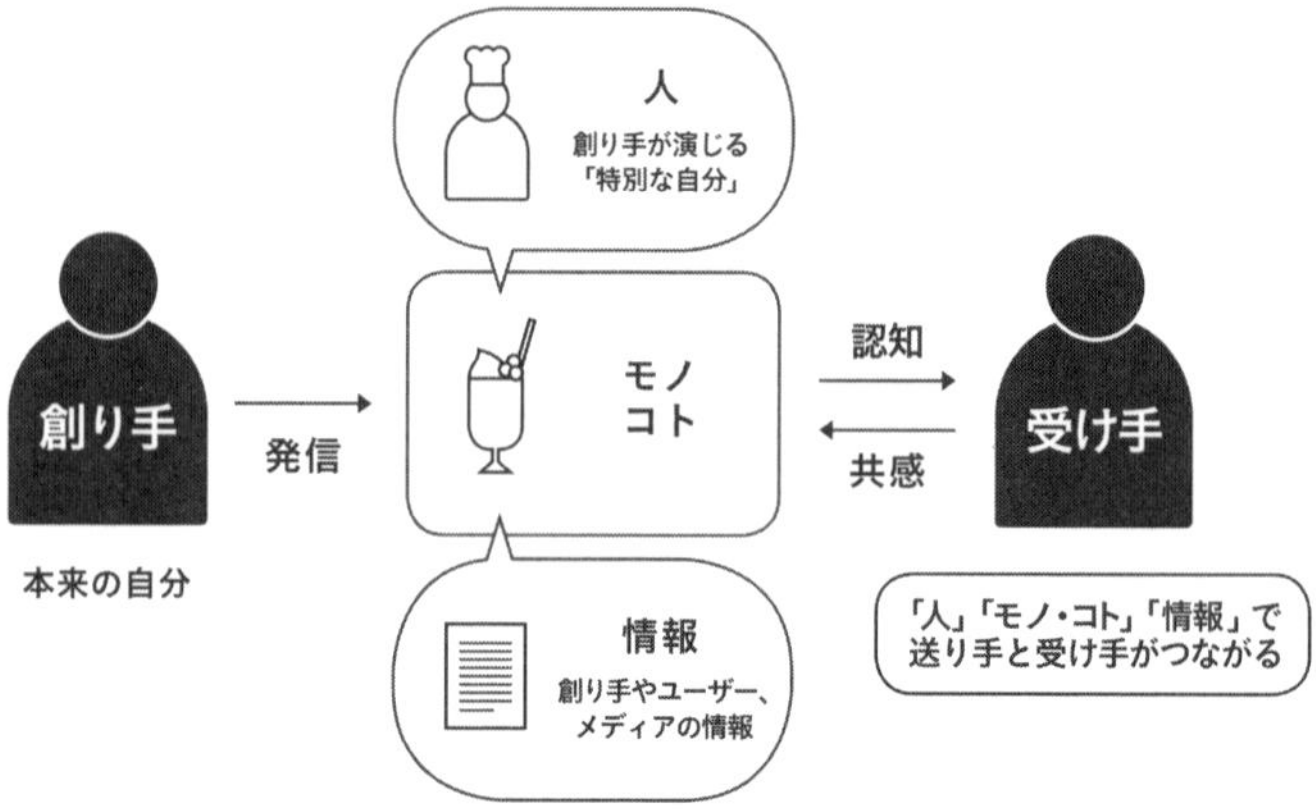

□人

創り手と受け手の間にある「人」とは、創り手が演じる「特別な自分」のこと。俳優、作家、アーティスト、デザイナー、工芸士、職人、エンジニア。自らが発信するモノに合わせ、それぞれの立場から特別な自分を演じている。人間は誰もが二重性をもっていて、本来の自分とは異なるイメージを相手によって演じて分けている。

□モノ・コト

創り手が発信するモノ、あるいはコトのこと。工芸士がつくる茶碗やフォトグラファーにとっての写真であったり、作家にとってのコンテンツであったり、アスリートにとってその結果であったりする。

□情報

ブログで発信したり、ツイッターで呟いたりと、創り手や受け手にともなう情報のこと。創り手自らが発信しなくても、新聞や雑誌やソーシャルメディアで取り上げられることもあるだろう。特にネット社会である今の時代、あらゆる情報は創り手に必ずついてまわる。

□受け手

受け手も創り手と同じように、自身を取り巻くさまざまな状況に置かれていて、それぞれが細かくペルソナクラスター（仮想の集合体）をつくっている。○○誌が大好きな女子高校生たち、あるいは、バイクいじりが趣味のおじさんたちといったようにである。このクラスターが、A、B、C……と細分化されている状況を想像してもらえればわかりやすいと思う。

ここで、図表5をわかりやすく説明するために、伝統工芸士を例にしてみよう。
とある有名な伝統工芸士の本来の姿は、家族や弟子を大切にする良き父親である（創り手）。仕事場では一転して厳しい伝統工芸士としての顔をもっている（人）。彼が発信するのは繊細で美しい切子作品（モノ）。テレビや雑誌はそんな彼をこぞって紹介している（情報）。しかし、デパートでその切子を目にした客（受け手）の反応はまちまちだ。

お客さんAは、切子を横目でチラッと見ただけで素通りし、感知すらしなかった。そもそも「切子」という言葉を知らないのである。お客さんBは切子に反応してみせたが、すぐにトーンダウンした。

「ああ、美しい切子だね。でも別に好みじゃないし、たかがグラスに高いお金を払うのはバカげてる」

ところが、お客さんCはその切子を見て、大興奮してまくし立てた。

「なんてすばらしいんだ。自分が欲しかったのはまさにこれだ！　この作品は海外にもっていっても高く評価されるはず」

このようにAさん、Bさん、Cさんは、同じモノを見ながらまったく違った反応をみせたのだ。この違いこそ、「共感力の差」。受け手のセンサーにかかり、それを自分のフィルターでフィードバックできたかどうかである。

切子に共感するCさんには、対象物の感性を受け取る能力があったといえる。モノに共感するユーザーにとって、その道具は自分の一部となりえる。たとえば熱中してなにかを書いているとき、ペンは意識の外にありながら、体の一部のように動く。この切子の場合で考えると、自分の趣味嗜好と違和感がないこと。おそらく部屋のどこかに飾り、意識して見ることなく眺めることで自分らしさを確認するのだろう。まさに、自分を投影するモノに囲まれることで、その空間と自分が一体化するような状況は、共感が引き起こしている。

直観を鈍らせる「前情報」と「後情報」

作り手の思いがこもった商品が店先に並び、それを見て共感した人が購入を決める。これまで当たり前だったこの図式が、現代のマーケットでは通用しなくなってきている。商品の実物を見る前に、商品情報が先行するのが当たり前になったからだろう。

たとえば、「すごい車が出るらしい」と雑誌で特集が組まれても、車そのものの写真は載っていないといったように、メディアが情報と出会うタイミングを操作している。さらにクラウドファンディングでは、よりリアルなCGやムービーをつくり、バーチャルの中で共感を得てから、実際のモノづくりに取りかかる。今まさに、「共感の先取り」がはじまっている。

では、「共感の先取りとはなにか」であるが、楽天技術研究所はこの「共感の先取り」を「第三のリアリティ」と呼んでいる。今、現実に私たちがいるところが第一のリアリティ。そして、ウェブ上のコミュニティやアイデンティティが第二のリアリティだ。フェイスブックやツイッターでのつながりもここに含まれる。さらに「第三のリアリティ」というのは、ウェブと現実の境目がない状態のことをいう。

今、「第三のリアリティ」、つまり共感の先取りを狙った販売戦略が旺盛で、商品が存在しないのに、すでに購買が発生するという状況が起こっている。こういった仕組みをつくることで、メーカーは計画生産ができ、失敗しない投資が可能になる。初めからその商品に人気があるのか確かめられるため、つくってみて売れずに在庫を抱える心配がなくなる。このような「共感の先取り」は、これからのビジネスにおける重要なポイントになってくるだろう。

ただ、こういった本物抜きの「前情報」と「後情報」が当たり前の時代になってくると、本物を見極める感性を鈍らせることになる。メディアや口コミ、風評などの情報に頼り、自分の五感で感じ取り、そこから自分自身の判断を下さなくなってきているのだ。

創作に必要な「認知能力」と「判断力」

では具体的に、「創り手の感性」について分析してみよう。モノを生みだすまでには、状況を感じる認知能力とそれを分析する判断力（知恵、俯瞰力、予知能力）、そしてそれに基づいた行為や表現（創作）という段階を経ている。

まず、自分を取り巻く状況を感じる能力。自分から発信するものは、常に周囲の環境に影響されているとと思ってよい。たとえば、離島に窯をつくって陶芸をやっている人にとっては、その島の環境や人々がすごく重要で、作品に影響を与えているはずだ。

ここでは、その経験値が多いほど小さい違いにも気づく。つまりセンサーの感度は上がるが、無意識を誘ういつもと同じ行動に対しては、逆に見過ごしてしまうほど感度が鈍る傾向がある。また、経験したことのない環境では、無意識に経験値を高めようとする人の生存本能の働きによって、感度が上がる傾向がある。

そして、判断力によって、外界からの雑多な情報を自分自身で取捨選択していかなければならない。これが優れているのが「感性が豊か」といわれる人だ。流行りものをそのまま模倣して自分の作品に取り込むのは創作とはいわない。

このように情報をそのまま作品に反映するのではなく、外界から受ける影響を自らの意思で本当に必要なものだけを取捨選択し、さらには世の中を俯瞰して先のことを予知し、方向性を定めて自分の表現に置き換え、意志を発信していく能力が感性なのだ。

未来のことを常に考えなければならない経営者らは、俯瞰力や予知能力を高めるために、座禅を組むなどして日々努力している人が多い。それは、「感性を高める」ための一つの手段かもしれない。

このように、自身に内在する感性の感度を高め、同時に、瞬時に自分自身の分析による判断を下せる能力を高めることを、ライフワークにして、身につけていきたいところである。

第２章　「感性」という価値を知る

1　表裏2つの感性――「直接感性」と「間接感性」

経験による「見立て」、口コミによる「共感」

私たちは、情報が本物なのか偽物なのか、見極める力をもたなければならない。この「見極める感性」というのも、これからの時代、必要になってくる能力だ。昔は誰もが直接ものを見て、良い悪いを判断していた。

身近な例だと、「この魚は活きがいい」「このスイカは身が詰まってる」と、モノを見立てる能力は経験によって養われていった。「見立て」は経験がものをいう「直接感性」だ。今、その感性が徐々に失われてきている。見立てというのは、その人が生きてきた環境の中で培われた知識である。経験に裏づけられた能力を使いながら良い悪いを判断していくのが、人間の基本的な姿だったのだ。

ところが情報化社会になるにつれ、他人の意見が大量に入り込むようになってくる。「今年のナンバーワンベストセラー」とか「食べログの口コミが良い」といった、間接的にエピソードを聞いて共感する「間接感性」である。私たちは、巷に溢れる情報を気にするようになり、自分の判断や価値感をあまり信じられなくなっている。初めて行く店は飛び込む前にネットの評判を見てしまうし、直接判断する機会が非常に少なくなっている。

人は情報によって操作されてしまう

私がよく行う実験がある。「自分の直感よりも情報によって人は動かされている」というワークショップである。このワークショップでは、まずテーブルに置かれた10個のグラスを手に取って眺めてもらい、自分の好きなグラスにまつわる順に1位から10位までの順位をつけてもらう。その際、一つひとつのグラスの情報を明かさず、参加者個人の直感だけで順位づけしてもらうのが肝心だ。その中には、格式あるバカラのグラスや食堂でよく見かけるHSスタックタンブラー、底面がカーブになってゆらゆら揺れるロッキンググラスなど、さまざまな種類のグラスが混在している。

そして次のような順番で好きなグラスを選んでもらうことにする。

・10個のグラスを並べ、手に取ったりして好きなモノから順に番号をつけてもらう。（1位

図表6　複数のグラスに対する直感と背景情報による誘導

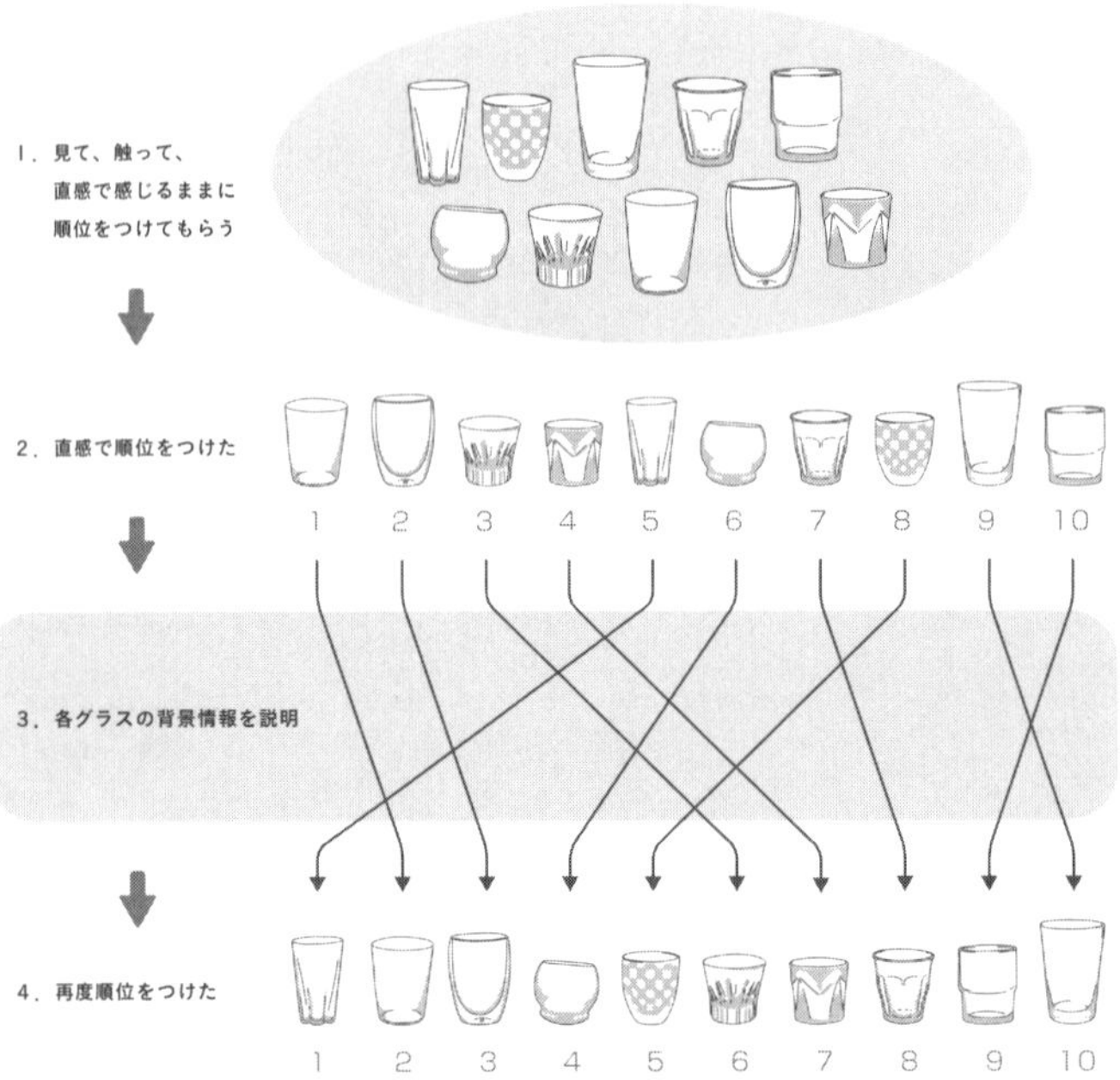

〜10位）

・次に、10個のグラスの背景情報を説明する。
・再度、好きなモノの順に番号をつけてもらう。
・はじめの直感で選んだ順位と、説明を聞いて選んだ順位がどう変わっているかを各自がチェックし、間接感性に影響を受けていることを理解してもらう。

すると不思議なことに必ずしも高級グラスであるバカラが1位になることはなく、その人の感性次第で、いろんなグラスが上位に来たり、下位に来たりするのがわかる。こうして、ひと通り並び終えたところで、私がそれぞれのグラスについてのエピソードを語り、商品の背景情報を聞いてもらうようにしている。

ここでふたつのエピソードを紹介しよう。

◆2層ガラスの原型、ボダムのダブルウォールグラス

ヨーロッパで活躍するプロダクトデザイナーの山本まさと氏がデザインした、ボダムのダブルウォールグラス。二層構造のガラスが保冷、保温の機能を果たし、中に飲み物を入れる

ボダムのダブルウォールグラス

と宙に浮いているようにも見える美しいグラスだ。

このアイデアを商品化するには大変な苦労があったそうだ。熱いものを注ぎ入れると中の気圧が上がって破裂してしまう。しかし、気圧を調整するために穴を開けると、洗うときに水が入ってしまう。

そこで、底面に開けた小さな穴に、水は通さず空気のみを透過させるシリコンベントを装着し、空気の圧力を均一にすることで、ガラスの変形を防ぐことに成功した。

そこに至るまでは、実験をするためにグラスを自宅にもち帰り、熱いお湯を注いだら、温められた空気圧で爆発し、幼い息子さんの顔に破片が刺さったこともあったそうだ。

卓上に桜の花の輪じみが残るサクラサクグラス

今は、その息子さんも立派なデザイナーに成長して、私の会社でもインターンシップを経験したほどである。お父さんのデザインに対する姿勢を子どものころから見ていて、同じ道を辿《たど》ったのだろうと清々しい気持ちになったのを覚えている。

◆輪じみを逆手に取ったサクラサクグラス

１００％ＤＥＳＩＧＮの坪井浩尚氏がデザインした「サクラサクグラス」は、一見普通のシンプルなグラス。

しかし底面にサプライズがある。冷たい飲み物を入れると結露する現象を逆手に取り、グラスをもち上げたときに、水滴によって卓上に桜の花の輪じみが残るようにデザインされている。

ロンドンで行われたとある展示会で、坪井氏は私のブースのすぐ近くに出展していて、話を聞くと、この「サクラサクグラス」は非常に良く売れたという。あるイギリス人は、「私らの国のグラスデザインには歴史があって自信もある。だけど、グラスそのものではなく、普通ならマイナスにしか映らないテーブルに残る輪じみを、デザインするなど考えたこともない。すごく日本的な発想で、『してやられた』という感じがする」といい、感動しながらオーダーしたそうだ。

さて、このようにグラスにまつわるさまざまなエピソードを聞かせたところで、もう一度グラスの順位をつけてもらう。説明を聞くことで順位が入れ替わるというのが、このワークショップのおもしろいところだ。

「みなさん、どうなりましたか?」

と問いかけると、

「話を聞いて三位だったグラスが一位に上がりました」

というように、簡単に評価が入れ替わってしまうことがよくある。これが間接感性の代表格、「背景感性」だ。情報によって自分の直観が修正されたということがわかる。商品の背景にあるエピソードの奥行きで注目を集め、その価値をバックアップするのだ。

中でも急激な変化を見せたのが、「サクラサクグラス」である。

このグラスは全体で80％の人が順位を変動させており、その約70％の人が順位を上げている。

その理由のひとつとしてあげられるのが、やはり「背景情報」だろう。

最初、手に取っただけではわからなかった「結露で生じた水滴で模様を描く」遊びなどを知ったことにより、サクラサクグラスに対する評価が上がったという意見が多かった。

これは、私たちの感性は情報によって簡単に操作されてしまうということを立証する実験であるのがわかるだろう。

２６つの感性価値

ビジネスで成功するには直観力を鍛えよ

直感的にハッとして好感をもったりする直接感性と、間接的にエピソードを聞いて共感する間接感性とでは、同じ感性表現でもセンシングとその反応経路がまったく異なる。図表7のように感性の種類を6つに分類すると、どちらに偏っているかが相対的にわかる。

今の時代、情報がたやすく手に入るため、直感に頼る人がどんどん衰えてきている。しかし中には、頑として自分の直感を信じていて、情報を聞いても、やっぱり自分の思うままでいきたいという人もいる。そういう人は、たいていビジネスで成功している経営者に多い。これは、今までこのワークショップをやってきた私の勘であるのだが。

説明を受けて大きく順番を変えるのは、背景に踊らされてしまいがちな一般人に多い。だから、経営者ばかりを相手にしてこのワークショップを行うと、あまり変化がなく、「なんの実験だったの？」といわれてしまうこともある。

図表7　6つの感性のポジションマップ

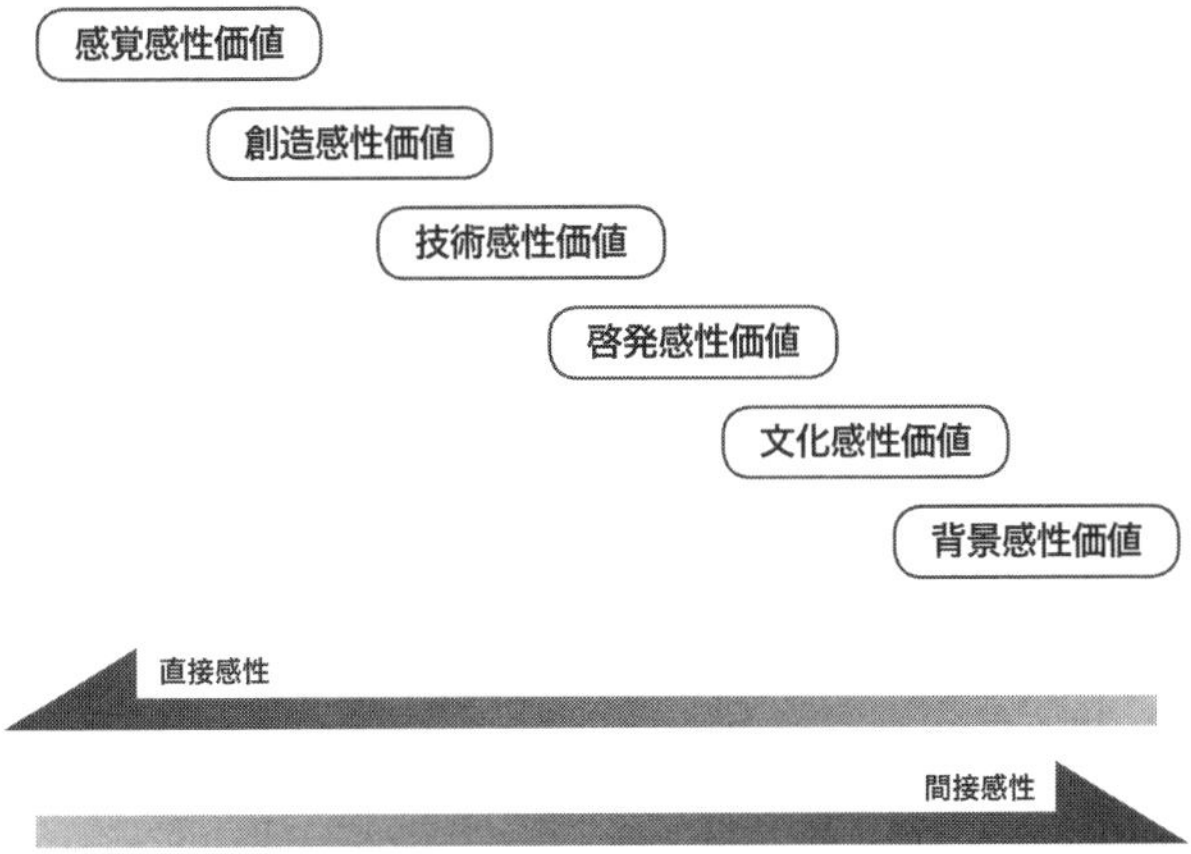

結局、ビジネスで成功したいならば、直観力を鍛えることが大切なのだ。しかも、その直観力は、情報のストック量とそれを自分のフィルターで選択する力が経験となってできるもので、ヤマ勘ではないことを伝えておきたい。

ワークショップ時に、すでに商品背景までも熟知している経営者は多い。与えられる前情報や後情報というのは、自分のセンサーを使わなくてもいい大半の情報だ。そこに頼りきりになるのではなく、能動的に自分のセンサーをもっと使うことに意識を置いて生活してみるといいだろう。

背景情報が購買動機をつくっている――「背景感性価値」

今、モノやコトを取り巻く情報によって、私たちは安心感を得ているともいえる。たとえば、まったくなにも表記されていないペットボトルが販売されていたら、なにが入っているのか、どこが製造しているのかわからず恐くて飲めないが、親しみやすいラベルデザインや細かな表記があるからこそ、安心して購入できる。「○○茶」「○○コーラ」などというブランド名を認知させることは、これを買っても失敗しませんという保険なのである。

ちなみに、あるハンバーガー屋さんで提供している野菜には、

「○○の畑で○○さんが有機栽培でつくった玉ねぎです」

といったような生産者情報が表示してある。そうすることで、安心感やブランド価値を生みだしている。

「受け取った情報から興味をもち、ものを見て共感する」

「ものと先に出会っていたが、後から聞いた情報ですごいと思って共感する」

これはいずれも背景感性が働いている。メーカー側は商品にこのような「背景感性価値」を載せることによって、このモノは安心できますよというアピールをしている。背景感性を

うまくコントロールすることで共感をもたせ、購買動機につなげているのだ。

ここで重要なのは、「誰に情報を発信するのか」ということ。メーカーはユーザークラスターを決めていて、「そこに向けて発信していきましょう」と計画して、販売戦略を立てている。あえて絞り込みすることによって、確実なターゲットを獲得するのが今の主流なやり方だ。

そのためにメーカーはプロファイリングをする。また、プロファイリングされた顧客が共感を得られるように、どの感性を刺激するのが最も効果的かを俯瞰することができるのが、「感性ヘキサゴングラフ」だ。これに発信者となる創り手の感性情報を当てはめれば、どこにウェイトをおいて発信すれば共感を得られるのかが、一目瞭然である。６つの感性レベルを一瞬で可視化できる「感性ヘキサゴングラフ」は、企画者だけでなく、営業もデザイナーも経営者も、みんなで共有することが大切であり、顧客をプロファイルして、どのクラスターにどの企画を売り込むべきなのかを考えるための指針となる。これについては、次項で詳しく述べることにする。

発想に共感させられる――「創造感性価値」

では、ふたつめの感性価値について考えてみよう。インドから伝わってきたカレーは、今ではもうメイド・イン・ジャパンといってもいいような料理に変化を遂げている。日本中にカレー屋があって、元祖インドカレーとは、まったく味が違うのだが、インド人が食べると、そのおいしさに、はまる人が多いらしい。中国から入ってきたラーメンも、もはや日本のオリジナルである。今では中国人がラーメンマップをもって日本にやってくるほどだ。どこの国の食材でも、日本にかかると日本ナイズされて熟成され、進化していく。これが、「創造感性価値」だ。

創造感性とは、創り手である発信者の発想を生む感性や、それに共感する感性のことをいう。今までにないまったく新しい発想や、発想の転換、マイナスをプラスに変えていくような力である。また、なにかとなにかを組み合わせて新しいものを創りだすこともある。

たとえば、ハイブリット車は、エンジンとジェネレーターを組み合わせている。これは、車がブレーキをかけるときに失うエネルギーを、モーターを回すことで電気エネルギーとして回収し、そのエネルギーを動力補助に充当しているのだ。低速で走るときは、チャージしたエネルギーだけで走る。これにより革新的にガソリン代を浮かすことができる。こういった掛け合わせ（ハイブリッド）の発想ができるのも、日本人の特徴かもしれない。

日本人はゼロからものをつくるのは苦手でも、なにかを改良したり、進化させていく能力に長けている。ヨーロッパのお菓子売り場では、20年前と同じクッキーが、まったく変わらず同じパッケージで売られている。一方、日本では常に変えていくのが基本だ。輸送費を減らすために軽量化するとか、湿気を防ぐために個別包装にするとか、真面目な性分ゆえなのか、ここが変わったらどうなるだろうと想像力を働かせ、前よりも必ず良くしようとする。

つくづく日本はおもしろい国だと思う。日本というブラックボックスにベルトコンベアでモノが運ばれていく様子を想像してみよう。スーッと入っていったモノは、出てくるときには品質が上がっている。

ただ、その品質向上ボックスで変換するには、なにかの元になるインプットがないといけない。ブラックボックスの中では、入ってきたモノやコトに創造的な変化を与え、新しい価値を生みだしていると考えてよいだろう。その価値創造の手法が、発想の転換だったり、マイナスをプラスにしたり、掛け合わせて新しいものを創りだしたりするような創造的能力で、これが人々に共感を与え、感性を刺激するのだと考えられる。

「一目惚れ」は感性データの瞬間自動分析──「感覚感性価値」

3つめは、人それぞれが自分を取り巻く環境の中で形成されてきた嗅ぎ分ける能力である「感覚感性価値」。これはその人の経験値によるところが大きいので、感じやすい分野、感じにくい分野など、得意不得意が偏るだろう。あることは得意でアンテナを張り巡らしているが、それ以外は目の前にあっても気にも留めないというのが直感感性のオーソドックスな形だ。

この感覚感性価値のセンサーはなにかというと、知覚をつかさどる、「視覚」「触覚」「味覚」「臭覚」「聴覚」の五感とそれにつながる「六感」だ。目の前を通り過ぎる車に一目惚れするのも、古民家の煤《すす》の香りに懐かしさを覚えるのも、パティスリーの創作ドルチェにうっとりするのも、竹林の笹が触れあう風の音に耳を傾けるのも、体中のセンサーが反応している証拠である。わかる人にだけしかセンサーは働かない。しかも、経験に基づいた取捨選択を一瞬で行っているので、「一目惚れ」に見えても、それはその人の大量の経験値からの判断ということになる。

また、その状況からさらに「なんか怪しいぞ」とか、「すごいことが起こるかも」というような予感が経験的に働いて、不安や共感につながっている。

残念なのは、現代人はこの五感と六感が退化してきていることである。情報化社会においては、自分の直感に頼らずに、すぐに他人の情報に信頼を置いてしまう。これは現代人の特性なのかもしれない。特に島国日本では、和をもって尊《とうと》しとし、人と外れたことをして村八分にならないように、できるだけ人と同じ行動をとろうとする。常に人の動きを観察してそれに同調していこうとするので、感性が幾つかの代表的なクラスターに分類できるほどペルソナ（架空の人物像）が確立している。本当は、感覚感性のテイストは、人の数ほど千差万別であってほしいのだが。

技術が感性を呼び覚ます――「技術感性価値」

4つめは、イノベーティブだったり、とてつもない精度だったり、すばらしい手業だったりと、技術そのものに思わず唸ってしまうような「技術感性価値」。ダイソンの扇風機も、扇風機のあたりまえだった型を根底から覆すイノベーションをやってのけた。この扇風機が発売された当初、羽がないことが画期的で、技術そのものが視覚的なアピールとなっていた。そういうものは直観感性にも近い。また、靴下メーカーが発売する「臭わない靴下」という商品は、1日履いた靴下を恐る恐る嗅いでみて、本当に臭わないと驚き、直観的にこの技術はすごいと思うわけだ。

このふたつの事例のように、五感を通してすばらしいと共感する商品は意外と少なく、説明を聞いたり、実際に使ってみたりしないかぎり、その凄さがわからない技術が大半だ。創造感性や感覚感性に近い部分もあるが、決定的に異なる部分はパッと見ただけではわからない背景感性を多分に含んでいる。

というのも、「技術によって80％ものコストダウンになっている」というのは、説明を聞かなければわからないことだが、その背景をきちんと説明を受ければ、やはりその技術に感動してしまう。

ジョブズが試作されたｉＰｈｏｎｅを水に沈めて、ブクブクと泡が出てくる様子を見て、「ここに隙間があるじゃないか」といったという逸話がある。どこかに隙間があると、そこがへこんでしまう恐れがあるわけだが、そこに部品が入っていれば、それで強度も保持されるというわけだ。

モノやコトに魂を吹き込む――「文化感性価値」

5つめは、文化、風習、哲学的要素を発信することで共感を得る「文化感性価値」。そこには日本古来の美学的要素にあたる、禅、侘び寂び、幽玄、粋、雅、洒落などが代表する美的規範、そしてそれとは裏腹に、曼茶羅《まんだら》的な要素、現代でいえばサブカルチャーやカラオケもこれに相当する。

日本はもはやサブカルチャーとは呼べないほどの漫画文化の先進国となっている。実際には存在しないドラえもんやキティちゃんが、今では世界中に浸透し、まるで生きているかのように一人歩きをする現象が起こっている。

具体的には、タイ、バンコクの寺院にある天井壁画の中には、ドラえもんが隠れていると聞いた。そこに来た子どもたちはみんな、上を見上げてドラえもんを探しているそうだ。曼茶羅の壁画の中に隠れたドラえもんを見つけると、いいことがあると信じて必死になって探している。日本で生まれた架空の存在が、他国の仏教寺院にまで入っていき、人々の心を動かしているのだ。

アニメを見て、キャラクターの容姿や性格に共感し、親しみをもってぬいぐるみやグッズを買ったりする。そういう意味で、キャラクターには魂が入り、すでにものを超えているのではないかと、私は思う。

株式会社ボークスがだしているスーパードルフィーという人形がある。精密なフィギュアで顔もいろいろな種類があり、目の玉や髪の色などすべてがカスタマイズできる。自分の好みに各パーツを選んでいって好きな人形をつくり上げていく。スーパードルフィーの靴やジーンズは、どれも本物と変わらないクオリティだ。

靴もきちんと革製だったりして、人間と同じものがスーパードルフィーのサイズでつくられている。おもちゃとはとてもいえないような高価なものだが、好きなものにはいくらでもお金をだせるという層は一定数いる。いまや世界中からニーズがあって、スーパードルフィーに着せるための服もたくさんのサードパーティ（当事者から独立した第三者団体）からネット販売されている。

つまりは、スーパードルフィーというひとつの世界をつくり上げ、そのつくられた世界の中で商売することができている。普通の人形がこの値段だったら、たぶん誰も買わないだろう。それが文化感性価値ということだ。

ものを超えた存在になって初めて、人の感性に入り込むというのが文化感性だ。

人間の行為が昇華されると、最終的には文化になる。茶道、香道、華道、スポーツでいうと柔道、弓道、剣道と、「道」という字がつけば、文化にまで昇格したということである。「道」には人間の行為がこと細かく規定されている。茶碗のもち方から花を生けるときの手の添え方まで、それがはたから見ても美しい行為に映るようになっている。

特に茶の湯の器はわかりやすい。以前、京都の有斐斎弘道館《ゆうひさいこうどうかん》の茶の湯に行ったとき、なにげなくだされたお茶椀が、実は豊臣秀吉愛用の品だったという貴重な体験をしたことがある。その主人（京和菓子老松の社長）がいうには、とっておきの人に対して、あえて前情報を伝えないそうだ。なにも伝えずにすばらしいものを提供し、だされた人はそれを見て「確かなものですね」と寸評する。

すると、もてなした側は、やはりこの人にこれをだしてよかったと感じるのだそうだ。さらに感動したのは、私が来る時間を考えて、日差しの入り方まで想定して、庭にも打ち水がしてあった。私が気に入るような掛け軸に変えて、その掛け軸に合せて一輪挿しに花を生けていた。そして、その場のすべてが一瞬のおもてなしのためにつぎ込まれていた。その一瞬のために、数日前から構想を練って準備していたのに、その労力について本人にはなにも言わない。

茶の湯というのはそういうことで、茶の湯の場を借りて出会った中で、お互いにお互いの言葉の間をよむことをする。そのための媒体となっているのが、器であったり、掛け軸であったり、障子越しの光だったりするのだ。実際には単なる土でできた焼き物なのに、そういったことが付随すると、ものすごい価値が生まれてくる。文化的感性は、そのもの自体を覆っている思想や美学、哲学的な要素だ。それを取ってしまうとただの土の焼き物、ただの綿の入ったぬいぐるみとなってしまうことを知っておくことは大事であろう。

社会課題への取り組みが共感を呼ぶ——「啓発感性価値」

最近のビジネスシーンでは、背景感性をつくることが当たり前になっている。

たとえば、ふたつのブランドのコラボでできる「ダブルネーム」、数量や期間の「限定発売」、復刻版など特定の製造理由のある「プレミアム商品」などがそれにあたるだろう。メーカーは、ありとあらゆる背景感性に取り組んできたが、そんな中で、発信されるメッセージが飽和状態になり、ユーザー自体がなにに触れても「ああ、こんなものか」と、心を動かされなくなってきている。

それよりは、地味でも文化的な価値をもっているものに惹かれる人が増えてきているように感じる。ありとあらゆる背景感性が氾濫しているからなのか、ちょっとビジネス的な匂いをあえて取り去ったほうが、受け入れやすくなることもあるといえよう。文化的な活動のスタンスがさらに強くなると、それは啓発感性になってくる。

6つめの啓発感性価値とは、社会課題の解決や倫理観などが人の感性を共感させるだけの価値観をもっているということにほかならない。エコ活動や地球環境保全、震災復興支援、高齢弱者への取り組み、BOP（低所得者層を対象とした国際的な事業活動）支援など、多くの人が共通する社会課題に取り組む姿勢には、そこに共感したファンがつく。共感というモチベーションがあるので、自分のだしたお金の数パーセントでも、世の中のためになる基金に使われるのだったらと、喜んで商品を購入する動機になり得るのだ。

啓発感性価値のもうひとつのファクターに、ものが人を啓蒙する価値軸がある。あるものに合わせて、ほかの要素までが変わっていくようなケースだ。

たとえば、ある女性がブーツを買って、それをとても気に入ったとする。でもそのブーツを履くと、どうも合うスカートがない。そこでブーツを履いて店に行き、ブーツに似合うスカートを探す。すると今度はトップスが合わないことに気づき、トップスも合わせて購入する。さらには髪型も合わない。髪型を変えたらメガネも合わない。メガネも変えてカバンも変えて、最終的には「あれ？　がらっと雰囲気が変わったね」とみんなから評される。一足のブーツが女性のすべてを変えたことになる。

ものに合わせて人が変わっていく例は、いくらでもある。ここでおもしろい話があるので紹介しよう。

バング&オルフセンというデンマークの有名な音響メーカーの機器は、とても高価で美しいデザインをしている。しかし、コタツが置いてあるような八畳の和室には、まったく似合わない。するとある人は、バング&オルフセンが欲しいために、部屋を全部リニューアルしはじめる。ストイックでシンプルな空間にしてダウンライトをスーッと落とし、そこにバング&オルフセンを置けるようにセッティングする。

バング&オルフセンによって部屋も照明も変わった。音楽を聴いている自分の暮らし方も変わったし、性格まで変わってきた。このように、ものが人を啓蒙するのはよくあることなのである。

啓発感性の魅力のひとつはそこであり、ものが人を変える力をもっていることだろう。インテリアを変える力、ライフスタイルを変える力、服装などのスタイルを変える力。つき合っている人まで変えてしまう。ものに付随する思想やコンセプトが、文化や流行を生みだす力をもっているのだ。

社会を変えるメッセージが、デファクトスタンダード（事実上の標準）になりうる。

懐かしい三洋電機には、かつてエネループという大発明があった。この繰り返し充放電できる電池の発明で、エコで便利な世界が広がり、それを応用したさまざまなアイテムが世界中に拡散していった。これも、ものが社会課題を解決し、新たなデファクトスタンダードを生みだし、そしてその共感が世界中に影響力を与えた良い例だった。また、実際には倫理観などというものは目に見えないものだが、「殺処分になる猫を助ける施設に寄付できるんですよ」と聞くと、「それはなんとかしなければ」となるのもそうであろう。そういう意味では、啓発感性は情報から入る間接感性でもあり、直感的に心を動かされる直接感性でもある。

感性価値の特徴をつかむ

図表8は、今まで述べた6つの感性価値の特徴を分類したものだ。

これを、見てもわかるように、ひとつの商品やブランド、施策などを発信する際にどこに主眼を置くべきかをチェックできるようにしてある。もし今、読者がなんらかの開発途上にあるなら、今一度、この表にあるキーワードに目を通してほしい。訴求すべき点、敢えてい

間接感性 →

啓発感性価値	文化感性価値	背景感性価値
自分や社会を変えるメッセージがある	文化・美学・哲学的要素を持っている	背景に物語がある
自分を変えるメッセージがある ○ 意識の啓発 ・社会責任 ・エコ etc ○ 感情の啓発 ・対話づくり ・笑顔づくり ・感情の高揚 etc ○ スタイルの啓発 ・インテリアを変える力 ・服装などのスタイルを変える力 ・ライフスタイルを変える力 etc **社会を変えるメッセージがある** ○ デファクトスタンダードになりうる力をもっている ○ その思想、コンセプトが文化を創る力をもっている ○ 流行を生み出す力をもっている etc.	**文化的要素** ○ 伝統文化 ○ 流行・エポック ○ サブカルチャー etc. **美学的要素** ○ 日本古来の美学 ・禅 ・侘び寂び ・幽玄 ・間合い ・無 ・粋 ・雅 ・渋み ・洒落 etc. ○ 近代美学 ・ミニマリズム ・機能主義 ・ポップアート etc. ○ 様式美 etc.	**物語背景** ○ 人 ○ 歴史 ○ エピソード etc. **ビジネス背景** ○ 地域創生ブランド ○ コンソーシアムブランド ○ 独自のビジネスモデル ○ カスタマイズ商品 ○ プレミアム商品 ○ 限定商品 ○ コラボレーションブランド ○ ダブルネームブランド etc. **評価背景** ○ 受賞歴 ○ メディア評価 ○ 口コミ ○ SNS ○ 評価サイト etc.

図表8　感性価値分類表

感性の分類	直接感性		
感性価値の分類	感覚感性価値	創造感性価値	技術感性価値
感性価値の特徴	五感に訴える メッセージがある	新しい提案・ 発想の転換がある	感性に訴える 独自技術がある
	視覚感性 ○ 美しさ ○ かわいさ ○ かっこよさ ○ セクシーさ ○ 感性を高揚させるビジュアル etc. **聴覚感性** ○ 臨場感 ○ 癒しの音 ○ 感情を向上させる音 etc. **味覚感性** ○ おいしさ ○ 記憶につながる味 ○ 感性を高揚させる味 etc. **嗅覚感性** ○ 良い香り ○ 記憶につながる香り ○ 残り香 ○ 感情を高揚させる香り etc. **触覚感性** ○ 心地よい触感 ○ 新しい触感 ○ 記憶につながる触感 ○ 感性を高揚させる触感 etc.	**新しい提案** ○ 新しい世界観 ○ 新しい価値観 ○ 新しい機能 ○ 新しいルール etc. **発想の転換** ○ マイナスをプラスに ○ 今までにない用途へ ○ 異分野からの発想 ○ 異分野同士のハイブリッド etc.	**先端技術** ○ ロボット工学 ○ ナノテクノロジー ○ バイオテクノロジー ○ IOT ○ AI etc. **伝統技術** **熟成技術** ○ 応用工学 ○ CMF 技術 ○ 特殊加工技術 etc.

わないほうが、メッセージがぼけなくていい点などが見えてくる。新たに、背景を創ること
も今からなら間にあうかもしれない。しかしこの感性価値創造のステップ、本来は企画段階
に必ず行うべきステップで、このプレデザインが纏まった段階でほぼプロジェクトの全容が
見えることになり、次のデザインや設計や製造、アドバタイジングにブレがなくなるのだ。

3 共感ポイントでシナリオを描く

購買行動4つのパターン

私たちが日常の中で感じる「共感」は、この6つの感性価値によって刺激されて自覚に至ることがわかった。では、実際に私たちを取り巻くさまざまな商品に対して、どのタイミングで出会い、「共感」を得ているのであろうか。ビジネスとして考えると、ユーザーが初めてその商品に出会い「共感」を得るポイントを知ることができれば、そこに情報を集めることができる。ビジネススキームを構築する際に、このポイントを想定することで、ユーザーの行動を予知したシナリオが描けるのだ。

購買行動には、大きく「直感による購買行動」「背景感性情報が動機となる購買行動」「体験先行型の購買行動」「クラウドファンディング型購買行動」の4つのパターンがある（図表9～図表12）。

図表12のパターン4が、第1章で述べた、楽天技術研究所のいう「第三のリアリティ」に

図表9　パターン1　直感による購買行動

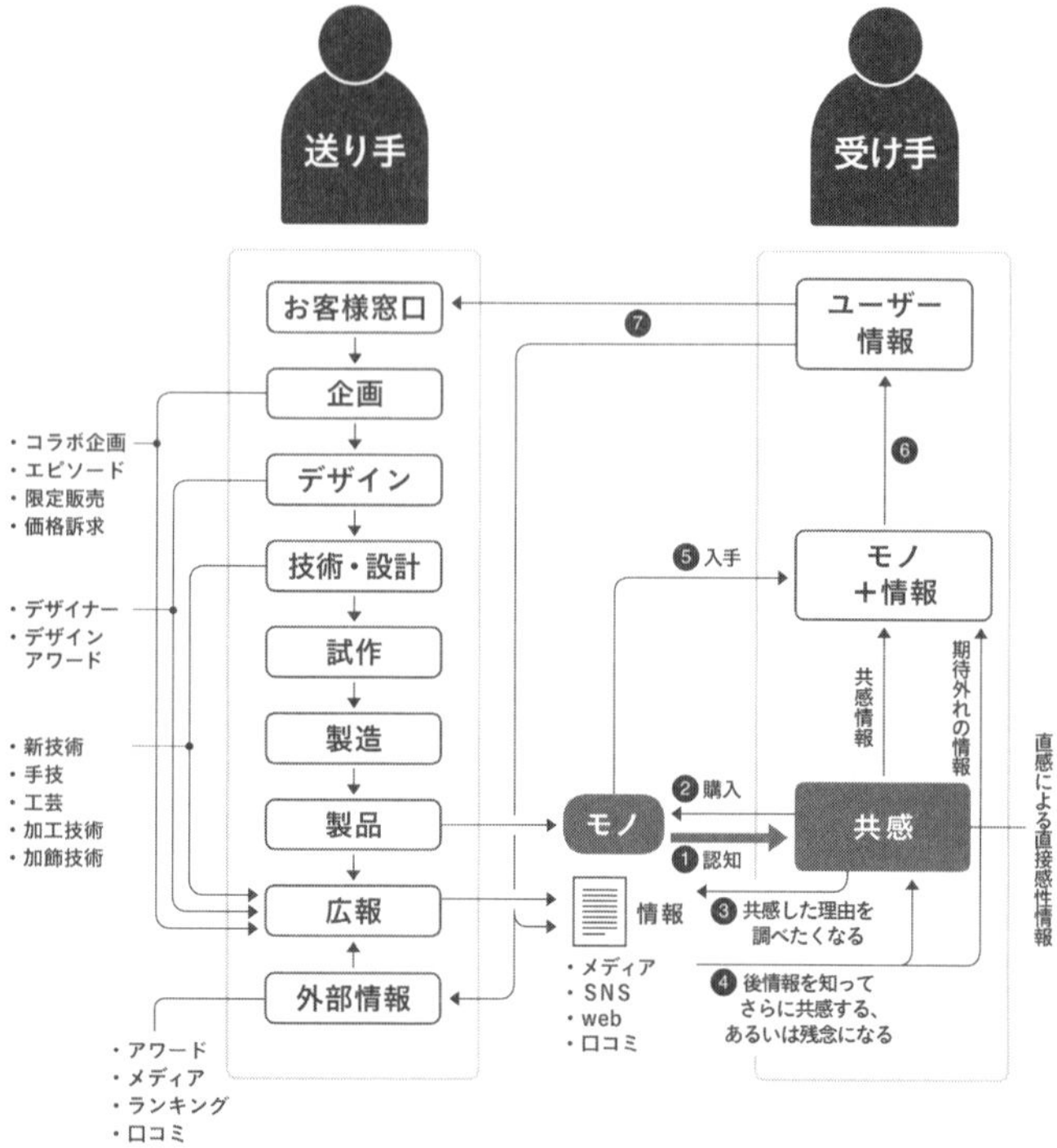

店で初めてモノと出会い、「これは自分にあいそうだ」と共感して購入する。これは直接感性だ。

この購買行動は自分の直感を信じて購入に至るパターンで、事前に商品情報を得ていない。共感した後に情報を調べたり、人に話しをしたりして、あとで「やっぱりいい」などと納得するパターンだ。

図表10 パターン2 背景感性情報が動機となる購買行動

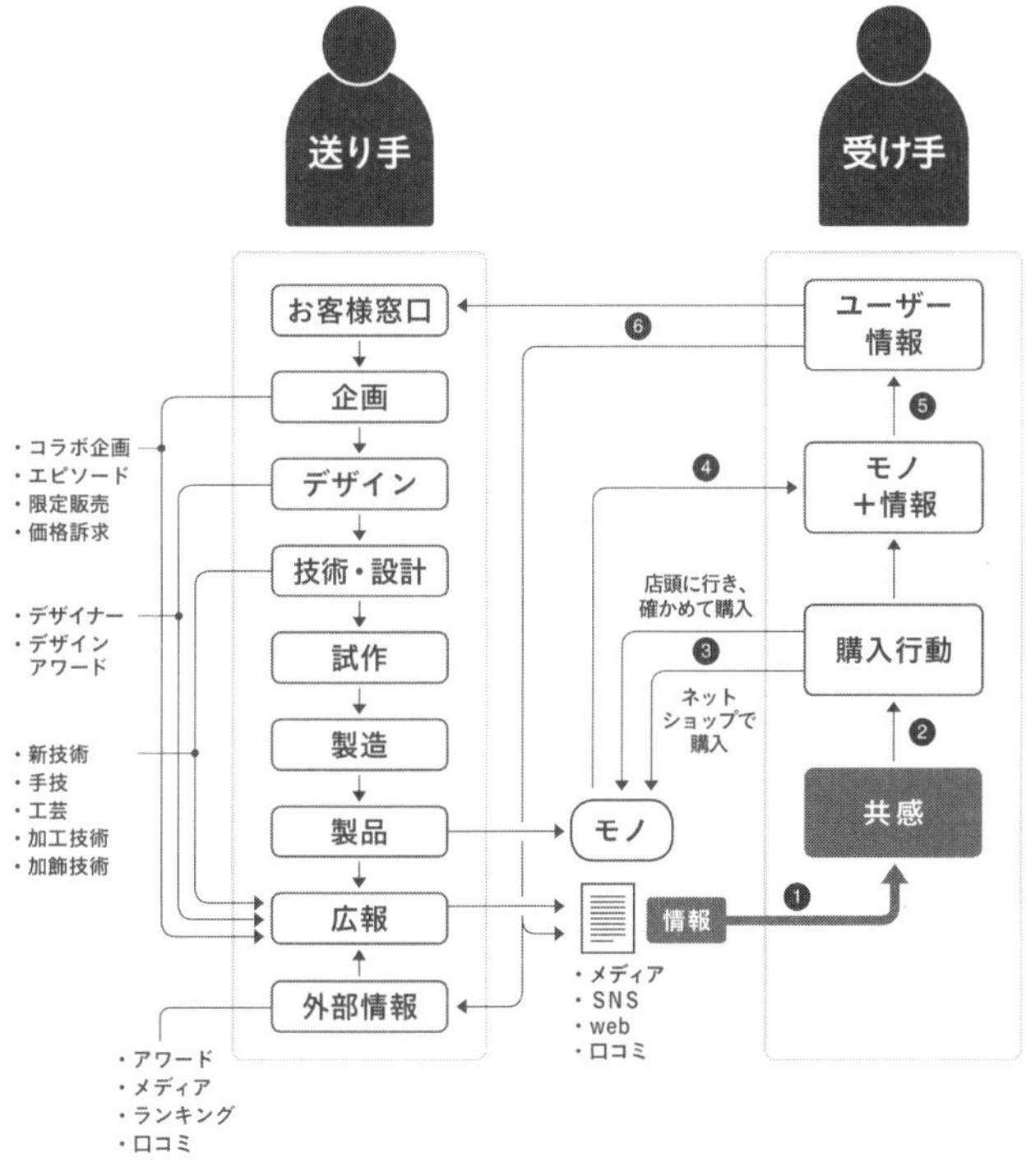

テレビなどで話題になったものに興味をもち、お店に出向いて購入する。これは商品そのものと出会う前に、背景となる情報を先に仕入れた状態だ。

これを間接感性という。目の前にあるラーメン屋に飛び込む前にWEBのランキングサイトでチェックしてみるのもそうだ。このパターンが今一番多いといえる。

図表11　パターン3　体験先行型の購買行動

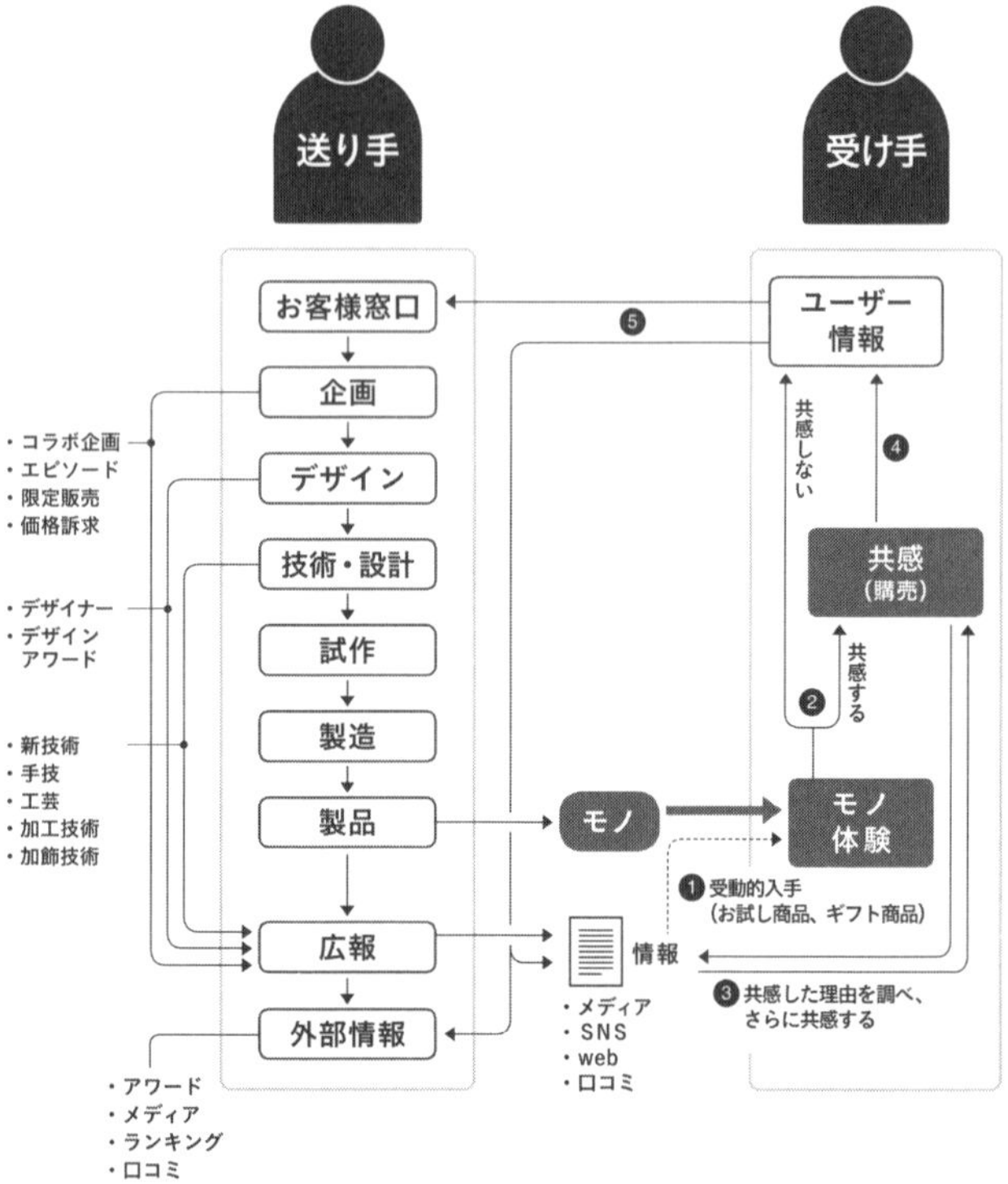

モノと出会ってもさほど気にとめなかったが、そこに情報がプラスされることで共感が生まれる。たとえば、よく知らずに食べていたものが、あとから高価で貴重なものだと知り、「だからおいしいわけだ」と共感して深く興味をもつ。

よく通販などでは、お試しで使ってみて気に入らなければ返品可能という体験先行型の手法を使うことがある。受け手が先にモノと出会い、送り手が後から情報を入れていくというわけだ。

図表12 パターン4 クラウドファンディング型購買行動

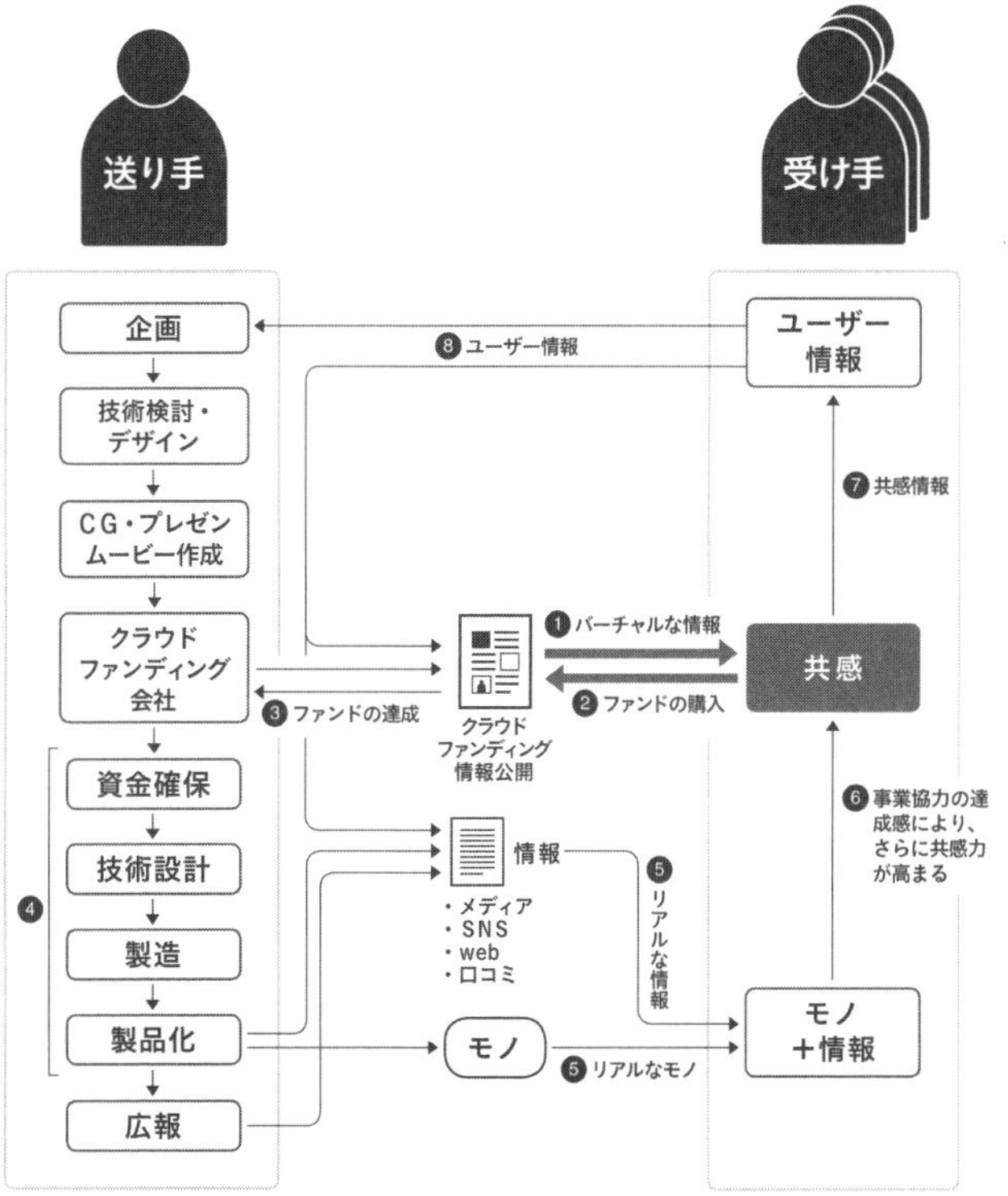

モノはまだ存在しないが情報が先にあり、その情報に共感したユーザーが商品化を求める。このパターン4が今後の商売のスタンダードになっていく。

ＣＧで情報をリアルにつくり込んでユーザーの共感を得ることで、モノがないのにも関わらず、それをつくる資金が続々と集まってくるのがクラウドファンディングだ。共感者が増えれば増えるほど、目標金額に近くなり商品化が可能になる。ファンドに投資した人は確実に求めてくれるので、売り手のリスクも少なく、同時に事業自体の広報的要素も望める。

通じていく。リアルなＣＧで商品をつくり、それが本当に存在しているかのようにアピールする。ウェブと現実の区別がだんだんなくなってきているのだ。スタートレックなどの昔のＳＦ映画を見るとまさにそれが表わされている。

たとえば、下敷きのような薄い板に映る映像を指先でシュッとスライドするシーンがあるが、これは今、実際にあるｉＰａｄだ。ＣＧでつくったものが、すぐに現実化する時代になってきている。

こういったＳＦ映画に出てくるようなリアルな映像をＣＧで作成し、クラウドファンディングにアップロードする事例が急激に増えてきている。

クラウドファンディングで広がる可能性

アメリカのクラウドファンディングで公開されたＪｉｂｏは、家庭内のコミュニケーションロボットで、Ｊｉｂｏのいる未来の家庭でのさまざまなシーンがムービーで紹介され、その開発に注目が集まり、同時に目標額を大きく上回る約4億円の投資も集まった。

ただ、クラウドファンディングには危険性も潜んでいる。先にお金を集めることが可能なので、事業がとん挫することがあり、詐欺訴訟も増えている。

先ごろ、金融庁がクラウドファンディングに対して第三者監査を求めるよう通達したこともあり、特に投資型は厳しくなった。お金を出して配当を求めるには、配当比率やビジネスの大きさも明示しなければいけない。

そしてもうひとつは、配当の代わりにモノで返礼をする購入型、さらに見返りを求めない寄付型がある。いずれにせよ、実現して欲しい案件に寄付や投資をして、事業の応援をするものだ。私も一度、ボランティア的な活動を行っていた人に、Ready forを勧めて、「ボルネオ島に森をつくりオラウータンを救う案件」をアップさせ、私自身も入金したところ、1カ月ほどで目標額に達成し、事業を進めることができた経験がある。

ある特定の事業プランを実現するためには、現実的なキャッシュフローを直視する必要がある。実際に開発に必要な投資額と販売予測から得られる利益を比べると、成り立たない可能性の方が高い。しかし、そのアイデアによって多くの人が共有できるベネフィットがあるとき、初期の開発リスクのハードルを低くすることができる。

ウェブ上で告知して、多くの人が「欲しい！」と思って投資した小口の資金（マイクロファイナンス）を、初期投資に充てる。開発できるとウェブで告知して、投資者は安く買うことができたり利益に応じた配当をもらえたりする仕組みなのだ。これが、クラウドファンディングである。この仕組みを使うことで、事業者やデザイナーは、社会性のある目標を掲げ、そのアイデアが生みだすベネフィットをウェブ上で説くことができるため、それに共感する不特定多数の人から支持されることになる。スローデザインやソーシャルデザインなどは、クラウドファンディングに最も向いた投資案件になるだろう。

4 「感性価値」を見える化する

感性価値ヘキサゴングラフ

モノづくりの方向性を決める際に重要なのが、「感性価値ヘキサゴングラフ」だ（図表13）。商品企画の重要なポイントは、誰に対してなにを訴求し、どんな共感を与えるかである。また、企画によっては歴史背景のエピソードはすばらしいが、長年見慣れた製品で目新しいところはどこにもないなど、訴求すべきポイントと改善すべき項目に分かれるのが通常のケースだ。

そこで、先ほど触れた6つの感性価値軸を中心から外に向かって広がるように取り、中心から外に行くほど感性価値が高い状態を表す六角形（ヘキサゴン）のグラフを考えた。これによって、すべての感性要素の傾向と強弱が一目でわかるようになった。

感性が可視化されると、強い部分を効果的に告知ネタとして使い、弱い部分を底上げするか、あえてさらすことで判官びいきの対象とさせるなど、さまざまな対策が打てる。このグ

図表13　感性価値ヘキサゴングラフ

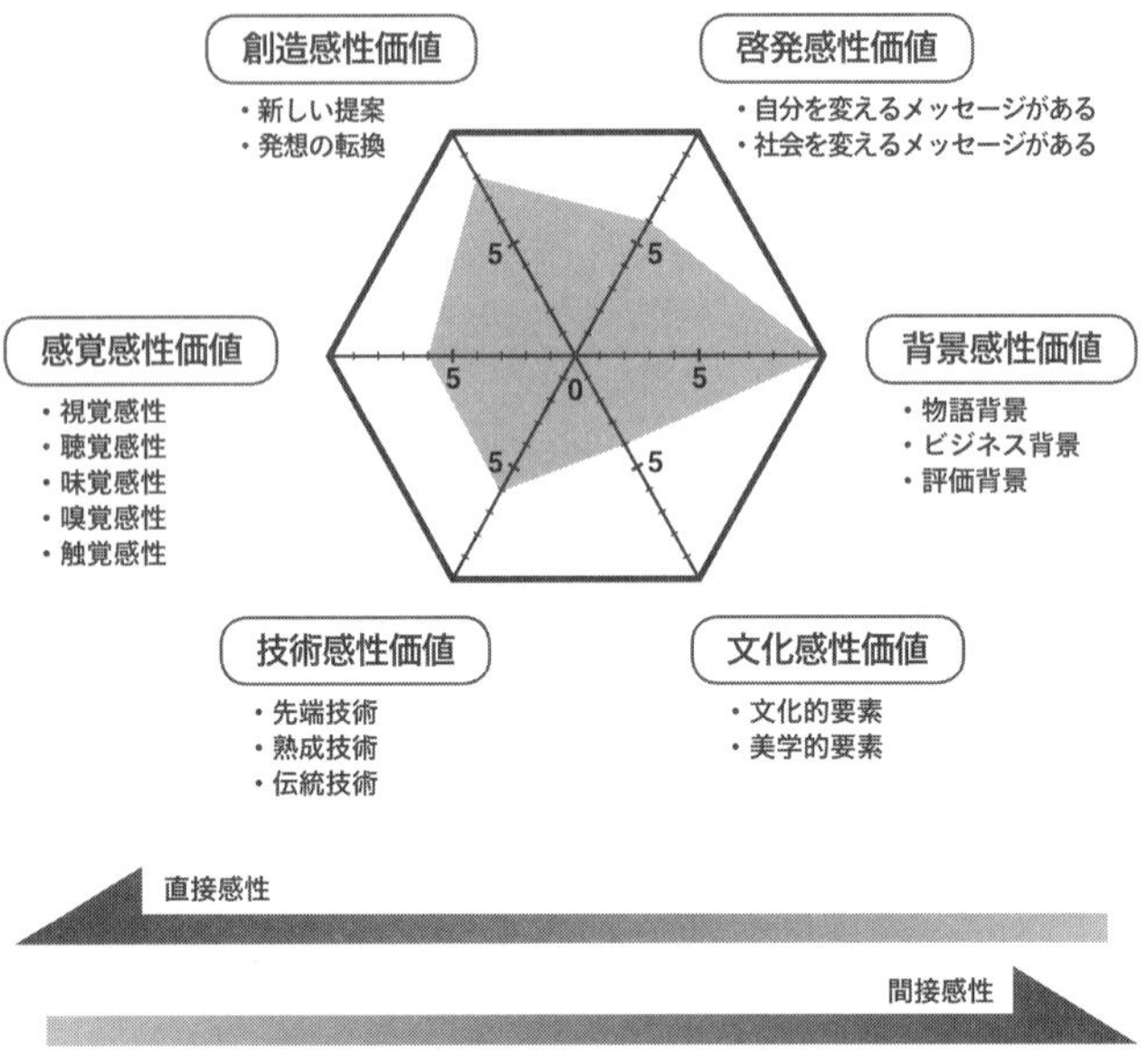

ラフをうまく活用することで、現状の感性要素を客観的に評価することができる。そのうえで今、①どの感性要素をメインに訴求すべきか、②どの劣性の感性要素を補うのか、③そのためには商品をどう改良すべきか、④またどういった共感情報をどういった手段で伝えるか、⑤またそれらの手順とタイミングは……と、具体的なプランニングのためのベースになったり、現行品の評価となることができる（巻頭に商品事例を掲載）。

体験と記憶の相関

この感性価値へキサゴングラフからの情報が得られたら、次はどういう人にその商品をアプローチするのか、受け手のペルソナをプロファイリングしていくところからはじめていきたい。

また、送り手は、時代の空気も読まなければいけない。どんなに優れた職人でも、空気を読むことなく、ただ漫然と自分が良いと思うものをつくっている人は多い。これは技に溺れている状態だといえる。世間に広く訴えかけるには、時代の流れや空気感を読んだうえで、先見性をもって表現していかなければいけない。

伝統工芸士に後継者がいなくなる問題も、商品力を失っていく問題も、実はここに端を発している。

そのために創り手は日々、感性を磨かなければならない。普段の生活の中、経験する異質なことを受容しながら、それをジブン化していく訓練、あるいは、自らの中に、答えを見つける。それは、自分を取り巻く環境の変化を常に俯瞰する習慣を怠らないことかもしれない。得意分野以外のことも積極的に取り入れながら、自分の中の経験の引きだしを増やすことで、

図表14　記憶と体験

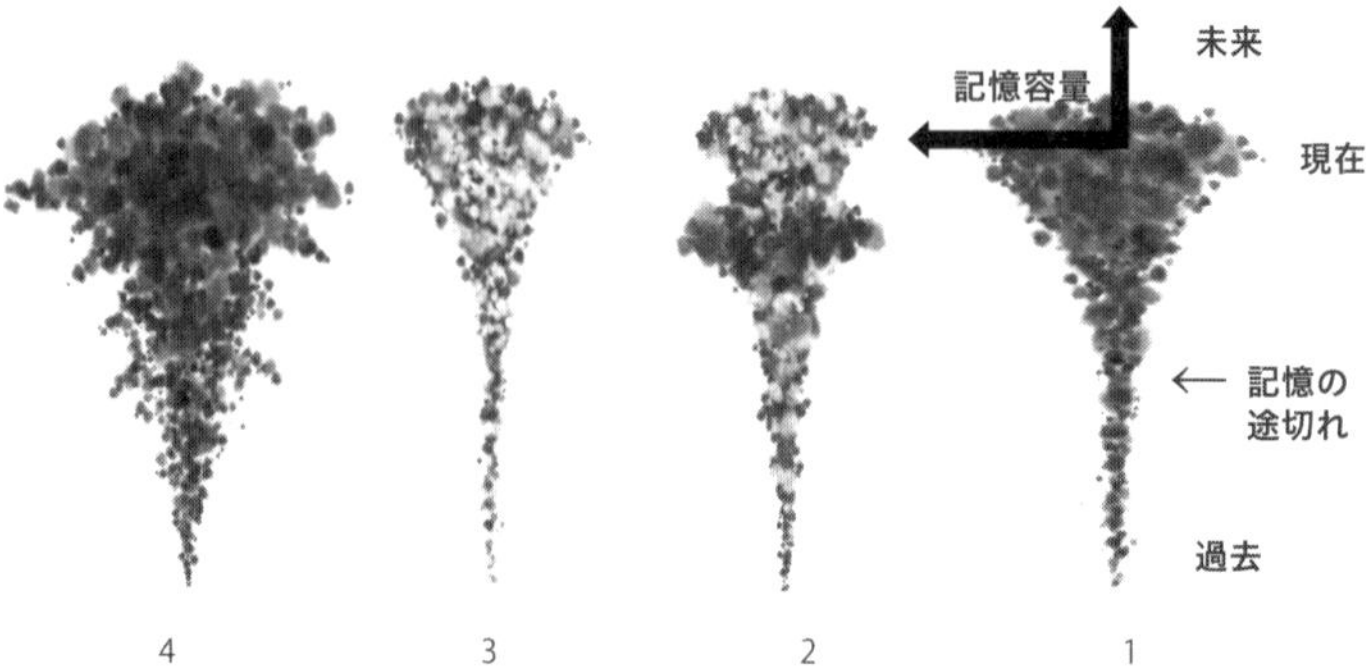

状況を俯瞰できるようになるからだ。

「本当にそうなんだろうか」と首を傾げている人もいるかもしれないので、ここで体験と記憶の関係性について説明する。

体験と記憶の概念図を見てみよう（図表14）。

下が過去で、上にいくほど現在に近づく。点が集合している部分の直径が、記憶容量の大きさであり、時間軸とともにこの点はスパイラルを描きながら上昇している。過去にいくほど記憶の途切れが出てきて点がまばらになり、30年も昔のことになるとよっぽど印象に残ったできごとしか覚えていない。

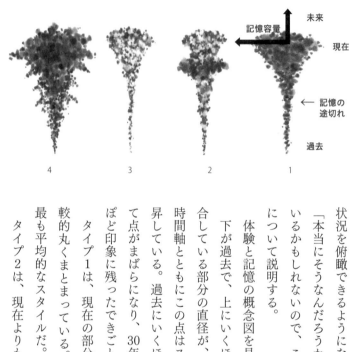

タイプ1は、現在の部分が大きく、記憶の点は比較的丸くまとまっている。これが基本の形であり、最も平均的なスタイルだ。

タイプ2は、現在よりも過去のほうに濃い部分がある。これは回想型といって、昔はよかったな、自分が一番輝いていたな、と記憶の中のある時期を振り返ってばかりいるタイプだ。

タイプ3は、毎日をルーティンで暮らしていて記憶も希薄だ。毎日同じ時間に起きて、同じ弁当を食べて、定時に会社を出て、テレビを見て寝る。毎日同じことしかしていない人は、記憶がいろんなところに飛ばずに、小さく縮こまっている。引きだしが少ないので、イノベーションも起こせない。

タイプ4は、牧場でバイトをしたとか、ボートを漕いだとか、ハングライダーをやったとか、過去も現在もさまざまなことにチャレンジしている。これは私が一番好ましいと思っているカタチだ。とにかく波瀾万丈な一生を送っている人は、記憶の引きだしを最も増やしている。

このタイプ4が、私が今まで出会った人たちを見ていても、一番成功しやすいといえるだろう。挑戦する回数が多い分、失敗も多いが、そこからたくさんのことを学んで引きだしの中身を充実させているからだ。平坦な道よりも先の見えない曲がりくねった道を選択できる人は、感性を育てるのが上手だ。

「二通りの選択肢があったときは楽でないほうを選べ」

と、教え子の学生たちに私は常にいっているのも、実はこんな理由からである。

このように、体験が多く濃いほど記憶も深くなり、創造のためのデータベースである頭の中の引きだしが増えていくことがわかった。しかし、体験とは違い、感性や発想力などは生まれもったもので、ジタバタしてもスキルアップしないのではと思う方も多いだろう。

そこで次章では、感性や発想力のような先天的才能に見えるものでも、教育によって変わることをお話ししよう。

第３章　「感性」を育てる

1 記憶が感性を創る

発想のスピードは訓練で向上する

体験が多く、しかもその内容が濃い場合は、その人が語る言葉に重みがある。反対に、外から得た情報を自分のフィルターで咀嚼せず発信する受け売り、いわゆる「うわさ」は、信じるに値しない。

そして、情報過多の時代にはそういった情報の真偽を見抜く能力が最も大切で、淘汰されないための感性のひとつだと考えなければならない。世の中のあらゆる事象は複雑に絡み合っているのにも関わらず、淘汰される人は必ず一部しか見ていない。

逆に、真偽を見抜ける人は、共感できる感性の範囲が広いため、手の内に入る情報に対し、自分の判断を下せる状況にある。では、事象を俯瞰できる能力を養うには、一体どうすればいいのだろうか。先天的な天賦《てんぷ》の才にしか叶わないとすれば、いまさらなにをやっても「うわさ」の受け売りを続けるしかないのだろうか。そこで、私が教鞭をとっている大学で実験を行い、感性は後づけで向上させることができるのかどうかを調べた。

毎回異なる素材をテーマに、その素材でなにができるかを考えるイメージトレーニングを行った。素材とは、たとえば輪ゴム、ストロー、レンガ、クリップなどだ。輪ゴムなら、止血に使う、滑り止めに使う、パッケージを縛る、縄跳び、メガネの耳掛け、ミサンガ、バンジージャンプ……と次々に思いつくだろう。与えられた紙に発想を次々と書き込み、2分以内にいくつの適切な回答を行うことができるかをチェックする。これを異なるテーマで10回行い、最終的には2分間に発想できる数がどれだけ増えたかを確かめた。現役デザイナーなら通常2分間で20個の発想ができないと、その職業には向いていないといえよう。

その向上の度合いをグラフ化してみたのが図表15だ。

この表が示すように、4人一様に2分間に発想できる数がしだいに向上しているのがわかる。これは、「慣れによる向上」という解釈が妥当だ。頭の中の引きだしを開き、記憶にある経験を取りだし、演題と突き合わせて取捨選択し、文字を書くという一連の作業を瞬時に行っているのだが、普段はあまり使わない思考プロセスなので「慣れ」を必要とするのである。このプロセスに慣れるだけで、簡単に発想スピードを高めることができることを物語っている。

図表15　イメージトレーニングで示す発想力の限界値

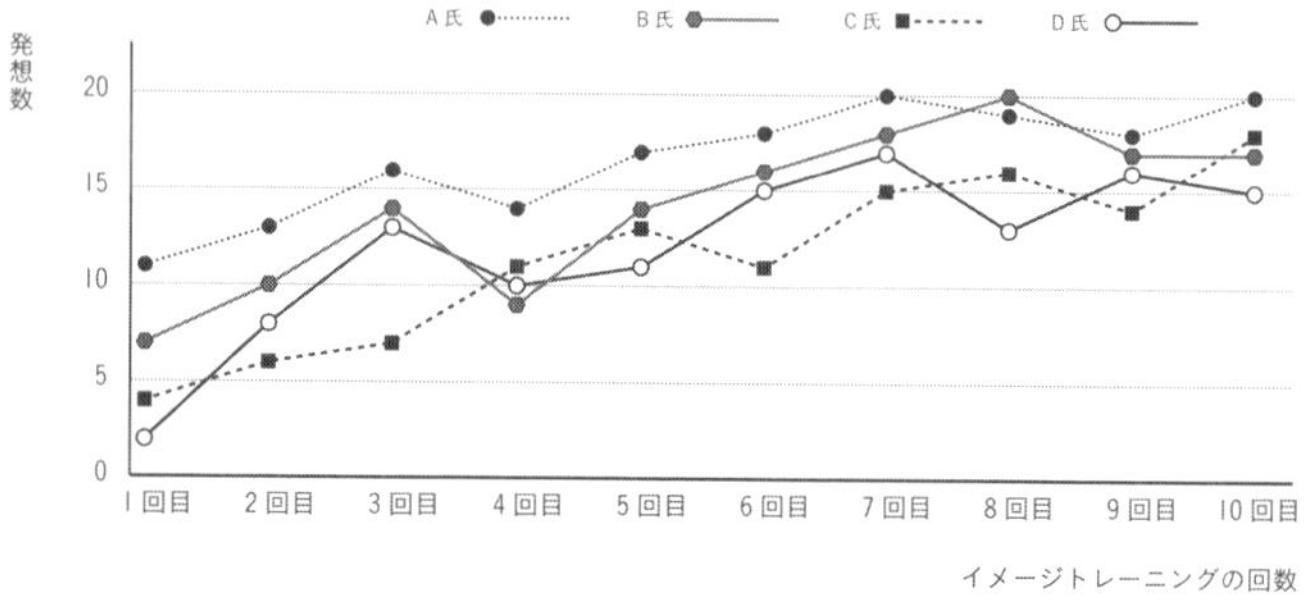

〔被験者〕京都造形芸術大学の学生4名を数日にわたり各10回のイメージトレーニングをした（頭の引きだしにある経験や情報に、いかに早くアクセスできるかをトレーニングする方法）。

ただこの先重要なポイントは、グラフが平行になってしまうことである。その値は、いわばその被験者の現状での限界値で、その人固有の発想力のポテンシャルを表している。

では、この限界を超えることはできないのか、という問題に対しては、次のような答えを用意している。

①共感できるエリアを拡大する訓練
②頭の中にある引きだしを増やす訓練
③タグ付けをし、記憶に上りやすくする訓練
④判断力を高める訓練

この四つのポイントのうち、特に①の共感できるエリアを拡大することは、自分の得意とする守備範囲を広げることにつながるため、

最も効率よく発想のポテンシャルを上げることができると考えている。

この実験を通して、発想力や感性は現時点での限界値まで能力を高めることができるとともに、それ以上の向上も、自身の共感エリアを増やすことで可能になることが予想できる。しかし、せっかく体験が記憶になっても、思い起こせなければ記憶にないのと同じである。

記憶を「タグ付け」する

では、どうやって、思い起こすきっかけをつくるのだろうか。頭の中の引きだしを増やしていくときに、記憶を仕分けせずに保存する人と、きちんと分類、「タグ付け」して保存する人がいる。同じ経験がどちらを選択するのかによって、感性を育てるうえで、結果に大きな開きがでてくる。

まず、「タグ付け」とはどういうことかを説明しよう。たとえば、ある女性が海を見た瞬間に、昔行ったイタリアンレストランのことを思いだした。レストランは海沿いにあり、波の音までもよく覚えている。ところが、料理やインテリアまで覚えているのに、誰と行ったのか思いだせない。きれいなキャンドルがあったのは印象に残っているのに、そのキャンドルの向こう側にいた人の顔はやはり思いだせない。実は彼氏と行っていたのに、どうやら彼女の中では彼の印象が薄かったようだ。

モヤモヤッとした雲のような記憶をなにかに置き換えること、それが「タグ付け」なのである。この女性は、レストランや料理はしっかりと「タグ付け」していたのに対し、彼氏のことは記憶の引きだしの中に適当に放り込んでしまっていたのだろう。

「タグ付け」とはおもしろいもので、「海」というキーワードひとつから、イタリアンレストランも出てくるし、小豆島でボートに乗ったことも、子どものころに家族で旅行へ行ったことも思いだされる。

パソコンの検索と同じで、「海」という「タグ付け」をされたたくさんの記憶が引きだしの中から引っ張りだされてくるからだ。効率的に分類すればするほど、たくさんの物事が検索に引っかかってくる。逆に記憶を適当に処理すると、使われなくなった引きだしの中からどんどん抹殺されていく。

私の友人からイギリスのウェールズに住んでいたころのエピソードを聞いたことがある。イギリスの中世ウェールズでは、現代のように苗字がなかったので同名だらけ。その名残りからか「Jones」さんはとりわけ多かったそうだ。そこで、当時は親の名前を自分の名前の後に据えていたが、それでもややこしいというので、その人の一目でわかる印象をあだ名のように名前と合体させていたそうだ。たとえば、Cadwallon Long handは、「長い手のカドワロン」、Rhun Hir（the tall）は、「ノッポのリン」、王族でもそう呼ばれていたので、一般人に至っては○○○Two Dogsは、「2匹の犬連れの○○○」というのが名前だそうだ。これは、まさに「タグ付け」。最も印象深い言葉でその人を覚える手立てだったのだ。

頭の中の引きだしを使って記憶を残す

では、タグ付けができるようになるには、どうすればいいのか。

まず頭の中の引きだしをきちんと分けてつくっておき、その中に意識的に記憶を入れていくことが大切だ。芯になるものがないと、記憶はどんどん消えていってしまうので、映画を見るにしても、誰がでていた、どんな服を着ていたなど、キーワードに置き換えて細かく認識する癖をつけるといいだろう。

私の場合は、消えてほしくない経験に、そのとき最も印象に残るキーワードを当てはめ、意識的に引きだしに入れている。同じ体験でも3～10位の引きだしに分かれることが多い。

旅館だけを想像してみてもわかるだろう。温泉の印象では、「総ヒノキのナトリウム泉でぬるぬる」、料理の印象は「庭先山菜の朝摘み料理」、設《しつら》えの印象は「畳貼り廊下に茶香炉の香り」というように言葉にしてみると客観性が増し、人に伝えられる準備ができる。

自分はいいものを見ているとか、いい本を読んでいる、いい場所に行っているから、イコールで感性が高いと思っている人も多いが、せっかくの体験をタグ付けせずに流してしまっていてはもったいない。

また、せっかく一度保存した記憶でも引きだしを開けなければ、いつのまにか消えてしまう。だからあえて誰かに話すと、その記憶は、1カ月くらいは消えないだろう。そして1カ月後にまた人に言う。そうすると1年は消えない。1年後にまた人に言う。すると、10年は消えない。記憶というのは、消えようとするときに復活させると、長い間保っておくことができる。映画の内容も3カ月後にはすっかり忘れているものだが、観た直後にあらすじを人に伝えると、不思議と3カ月後もまだ覚えているものだ。また、同じ話を何度もする先生業もしかりだ。共通点は言語化。言語に置き換えるというのが大事なことなのである。

夢の中でのソリューション

自分が体験した記憶をタグ付けして頭の中に保存していくと、夢の中で解決できるようになってくる。夢を見ているレム睡眠時、潜在意識の中で頭はしっかり動いているのだという。

私はよく、デザインワークを抱え、その答えが出ないまま眠りにつくことがあるのだが、夢の中でいくつかのタグとタグが無意識のうちにくっついて、デザインや構造までがカラーで浮かんでくることがまれにある。

１９８７年、卓球やバレーボールに使うスコアカウンターをデザインし、商品化となり、初めてグッドデザイン賞を受賞した忘れられないデザインがある。卓球の得点を表示する方法は、プラシートに印刷された数字をめくって相手に見せるものが標準で、この方式で世界特許を取っていた会社からの依頼だった。しかし、特許を主張できる期間が迫ってきたため、他社が追随できない新たな方式でスコア表示できる仕組みで特許を取り、それを使ったデザインをして欲しいという依頼だった。

はっきりと見えるレベルの、大型のデジタル表示をするには、当時、電池ではバッテリーが持たず、ＡＣ電源が必要だった。しかし、体育館の床からの電源摂取は思い通りの位置になく、コードも出ていて足を引っかける危険性もある。どうにか、電源を使わないデジタル表示はできないものかと考えながら、力尽きて、眠ってしまった。

しかし、翌朝、目覚めるとなんとなく夢心地の中、脳裏には７つのドラムが傘ギアでつながり、７セグ表示を示しているではないか。それぞれのドラムは赤と黒のパターンで構成さ

Digital handy counter

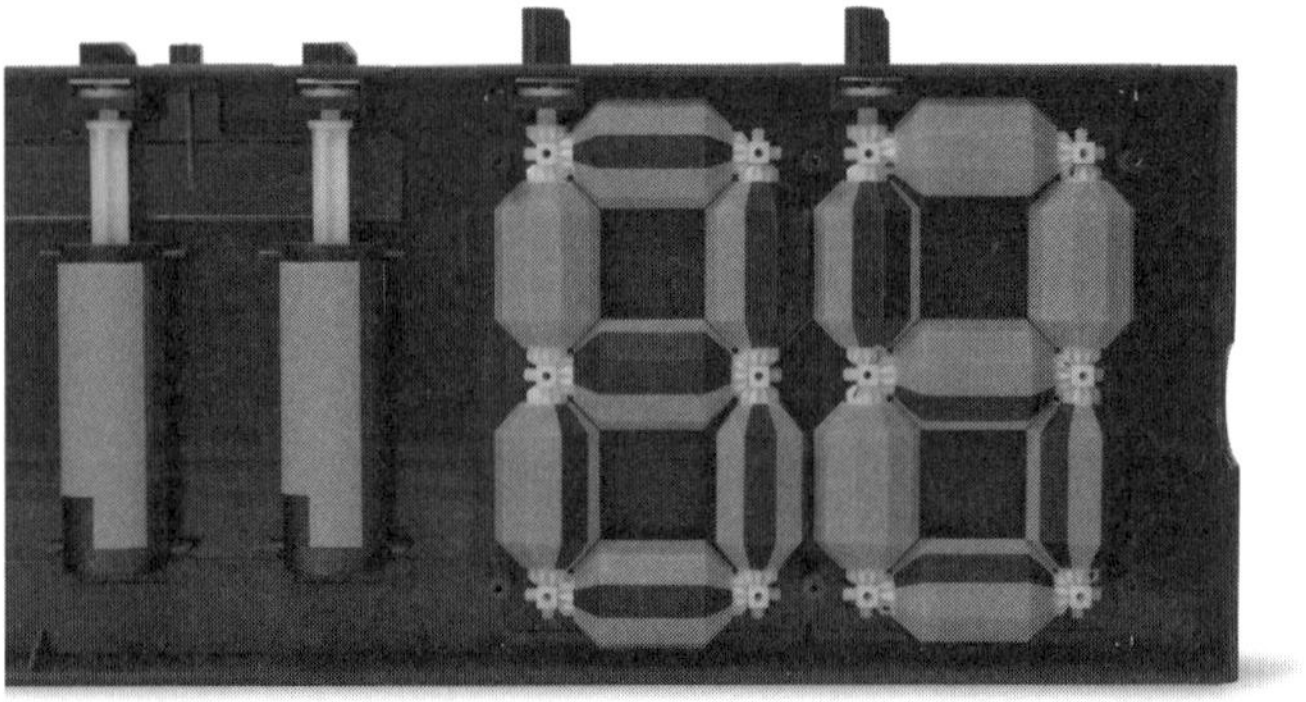

競技用得点表示機／
大平株式会社＋ヤマト卓球株式会社＋明星ゴム工業株式会社

れ、10種類の数字を手動で表現できるようになっていたのだ。

当時は、こんなこともあるのかと思っていたが、たびたびこういったことが起こるようになってからは、無理をして徹夜で考えるということをしなくなった。答えはもう出てくる寸前なのに、起きているときは雑多な思念で覆われているのかもしれないからだ。

このように、夢の中で画期的な発見をしたり、答えを見つけたりすることは、実際にあることだと認識している。ビートルズの名曲「イエスタディ」について、ポール・マッカートニーは「夢の中でメロディが浮かんだ」と証言している。

アウグスト・ケクレはウロボロス（自分のシッポに噛みつく蛇）の夢から、ベンゼン環（ケクレ構造）のヒントを得ている。エイリアス・ハウは、自分に向けられた原住民の槍の先に穴が開いていたことから、ミシンを発明している。いずれも、一番の関心事の命題に対して、潜在意識下でタグ付けが自動的に行われ、夢になったものがたまたま、実現可能だったと考える方が妥当かもしれない。

2 共感力を高める

「おもてなし」は、なりきることから生まれる

共感力の高い人ほど良い印象を持たれやすい、私が行うワークショップの中で、自分ではない別人になりきってもらうものがある。フードチェーン店でワークショップを開催したときのことである。私は次のようなお題をだした。

「想像してください。中華チェーン店にOLが3人やってきました。彼女たちは店内に入り、メニューをみたあと、なにを注文すると思いますか。また、料理をどんなふうに食べて、精算はどうすると思いますか」

というものだ。一見課題とは関係なさそうなおじさんたちにもOLになりきっていただき、お題の答えを紙に書いてもらった。もしかしたら、OLたちが店で食事をしているときに言っているかもしれないこと。たとえば、餃子がひと口で食べきれないとか、食べきれなかった箇所から汁がこぼれるとか、考えられる状況を書きだしてもらったのである。

いつもは餃子をひと口で食べているおじさんたちも、この日ばかりはすっかりOLになりきり、丸文字で「食べきれないから半分の大きさにしてほしい」などと書いていた。

逆に、OLさんたちがダンプの運転手になりきったこともある。すると、おしぼりで豪快に顔を拭いたりと、みんな、実によく他人を観察しているなと感心する。そのワークショップの間はずっと、自分がなりきったうえで発言してもらう。すると、話し方や書き文字も自然とそれっぽく変化していく。

普段は自分とは住む世界の違う他人として見ているが、それになりきるようにといわれると、急に親しみがわいてきて、自分が本当にダンプの運転手になったかのような感覚になれるわけだ。

この「なりきり」という思考法、実は禅の世界でも同じことを語っている。日本には、相手になりきることで、おもてなしをする文化があるのだ。

たとえば、暑い外からやってきた客人には、まずは冷たいお茶をだす。室内の冷房で涼しくなってきたら、次に温かいお茶をだす。ところが相手の気持ちになっていない人は、いきなり熱いお茶をだしてしまう。

会話の最中のうなずきもそうだ。うなずくことで、相手になりきっている。相手の言葉を聞き「自分はその話に共感しています」と、伝えているのだ。話し手はそのうなずきを見て、話をさらに進めていく。しかし海外では、このうなずきの文化がないところも多い。

このように、日本にうなづき文化があることはすばらしいと、私自身も思っている。相手になりきって思いやることがコミュニケーションを円滑にする。それが日本人は体感的にわかっているし、習慣的にやってきたのだ。

「この人は感じがいいな、わかってくれているな」

と思うと、よりたくさんの情報をだそうとして、どんどん話が進んでいくわけだ。そしていつしかそれが信頼に変わっていく。

これは共感力という感性で、相手の立場に成り代わって考えることで最大限の心を尽くすことになる。この感性も先と同様に、訓練によって高めていくことができる。ビジネスの世界でも必須であり、共感力の高い人ほど良い印象を持たれやすい。

感性を身につける「デザイン教育」

女性は、共感力が高いと思う。目を閉じて想像してみてほしいのだが、こちらに男性の街、あちらに女性の街がある。それはどんな街だろう?

女性の街にはカフェ、花屋さん、カルチャースクール、ブティック、雑貨屋さんがある。かたや男性の街には、パチンコ屋、カーショップ、スナック・バー、提灯がかかっている焼きとり屋。女性の街には男性もたくさん遊びに来ているが、男性の街に女性はあまり行かない。男性の街の地価はどんどん下がり、女性の街の地価は上がっていく。そして女性の街はおしゃれな街として発展し、男性の街はどんどん廃れていく。

これは男女の感性の違いを表したたとえ話だ。もちろん、男はこうだ、女はこうだと言いきれないところもあるが、ワークショップなどでこの話をすると納得する人は多い。

相手になりきって、

「こうしてもらったら気持ちが良いだろう」

と思うことを先まわりしてやる禅の思想。結局はそれが自分自身の感性を高めることにつながっていく。客人が来る前に打ち水をしたり、相手の車が見えなくなるまで見送るといったような細かな機知を、禅に学ぶべきだろう。相手になりきってみると、どういう所作をすればいいのか、なぜ、マナーが重んじられるのか、そのマナーの意味合いもよくわかってくる。

このような感性を身につける教育は、「デザイン教育」から生まれる。今の教育では、子どもたちは本来、飛ばしてはいけない教育のプロセスを飛ばしてしまって、結論だけ教えられている。

「なぜ秀吉は信長に気に入られて出世できたのか」を考えることはせず、「何年にこういう条約を結んだ」というように、数字を丸暗記させることが先に立ってしまう。子どもたちに優劣をつけるとき、答えをひとつにしておくほうが、点数をつけやすいのもあるのだろう。

でも本当は、答えは100人いたら100通りあるはずだ。短時間で精度の高い答えをだすのはコンピューターでしかない。

すでに社会にコンピューターが普及した今、人間がコンピューターと同じことをやっていてもしかたがない。今の時代だからこそ、正確な答えをだすことよりもさまざまな可能性を示唆できる能力が必要なのだ。AプランがダメならBプラン、BプランがダメならCプランといった機転の効くソリューションを数多くだせる能力を育てること。そういった教育に変えていく必要がある。

私は、お客としては嫌われる類かも知れないが、フランチャイズチェーン店で少しマニュアルから外れたお願いをしてみることがある。無理だとわかっていることを強要する意地悪ではなく、できそうな内容で対応を試しているのだ。なにかを別皿にしてもらうとか、トマトを入れないようにしてもらうとか、スパイスをもってきてもらうなどの簡単なことだ。そこで、臨機応変に対応できるスタッフがいる店は、スタッフ自身が主体性をもって動いているため、お客の共感を得ていく。しかし、アルバイトをマニュアルで縛ることの方が楽なので、OJT（オンザジョブトレーニング）の通りに動かし、例外を認めないチェーン店は少なくない。やはり、そんな店には客足は向かないのだ。共感力を高めるためにはルールをどこまで破れるかを考えられる人でなければならないのだ。

子どものやんちゃは未来への布石

子どもは、なんにでも登ってみたり、触ってみたり、入ってみたりするというように、好奇心旺盛だ。放っておくと、「やめなさい」と言われるようなことばかりやる。

たとえば、水たまりにわざと靴で入って泥だらけにしてみたり、とにかくやってはいけないことを楽しそうにやる。

それにしても、なぜ子どもたちは、あえて危険なことをするのだろうか？

それは「命がそうさせている」のである。この先、本当に命の危険があるかもしれないから、先に軽く経験しているとも言えよう。

「高いところは危ない。落ちたら痛いよ」ということを知るために、子どもは登って落ちる。つまり、「ああ、やってはいけないんだ」と学ぶのである。だからといって、「危ない」といってこれを抑え込んでは、自らの発見のプロセスを飛ばしてしまう。軽いケガですむくらいなら、そういう痛みを子どもに経験させるべきで、「やれ、ハサミは危ない」「カッターは危ない」といって取り上げてしまうと、将来大きな災いが起きて死んでしまうかもしれない。

「水は冷たいんだ」「くっつき虫は丸いけれど、触るとトゲトゲで痛い」と、生まれもった感覚力で感じ取り、経験値にストックし、生命力を上げる。

子どもには、生きるための知恵を経験させるＯＳが、もともと組み込まれているといえよう。そして、子どものＯＳと大人のＯＳは違う。子どもはそうやっていろいろな経験をするが、大人はあえてやらなくてもわかっているつもりでいる。こうして、大人はなんでもわかっているからと、あえて経験をしなくなるのだ。

しかし、大人はもしかしたら子どもＯＳに習って、わかっているつもりのことでも、もう1回やってみたらいいのではないか思う。

「もし、偉い部長と課長が、じゃんけんしながら駅まで『かばんもち』をやっていたとしたら？」

私たちからはすでに子どものOSは抜けてしまい、大人のOSに差替えているだろう。だから普通はそんなことはしないが、ワークショップの中では、大人のOSを抜き取って子どものOSに差替えてみるわけだ。そうすると偉い部長が、「かばんもち」をはじめるかもしれず、ここにおもしろみがある。

あなたも、子どものおもちゃや製品開発をするときに、大人OSで開発していないだろうか。ぜひ、大人OSから子どもOSに差替えて、子どものおもちゃを考えてみたらどうだろう。まずは、頭の中が大人OSで毒されているのをリセットするところからはじめてみることがお勧めだ。子どものように没頭すれば、仕事が楽しくなるかもしれない。すると自分だけでなくまわりも楽しくなってくる。

「何のために」を考える教育が必要

前項で、今の教育でよくないのが、プロセスを飛ばしてしまって結果だけを記憶させようとすることだと述べた。しかし、結局は勉強がおもしろくないから記憶ができないのだ。記憶するには、おもしろさがないとだめだ。自分が勉強をするとき好きだった先生を思いだすと、余談が多い先生だったりする。余談が多い先生の話は、よく覚えているものである。

というのも、おもしろさを人に伝えることによって、自らリピートして覚えていくというのが記憶のメカニズムだからだ。

では、ここを磨いていくには、具体的にはどうしたらいいのだろうか。

私は以前から、日本の初等教育において「国語、算数、理科、社会……」的なカリキュラムだけでなく、そこに「でざいん」も加えるべきだと提案している。

そもそも教育には、「スキル」と「ウィル」が必要だ（図表16）。「スキル」とは、漢字の読み書きやかけ算、割り算といった習得能力のことであり、「ウィル」というのは、国語や算数などの「スキル」を「なんのために使うのか」を考えだす能力のことである。

ただ「スキル」を頭に詰め込むだけではなく、これからはもっと「ウィル」を育てる教育が必要なのではないかと思っている。これこそ私の考える「でざいん」教育であり、「感性教育」のはじまりだと思っている。

では、「感性教育」とはなんだろう。それは3つの能力を育てることに分類される。

人には、もともと感性を感じ取るセンサーがある。このセンサーが大きければ大きいほど、微妙な感性を読み取ることができる。センサーが小さければ、相手がどれだけ一生懸命発信しても、まったく心に響かない。たくさんの感性に触れ、センサーの受信範囲と感度を広げ

図表16　SKILLとWILL

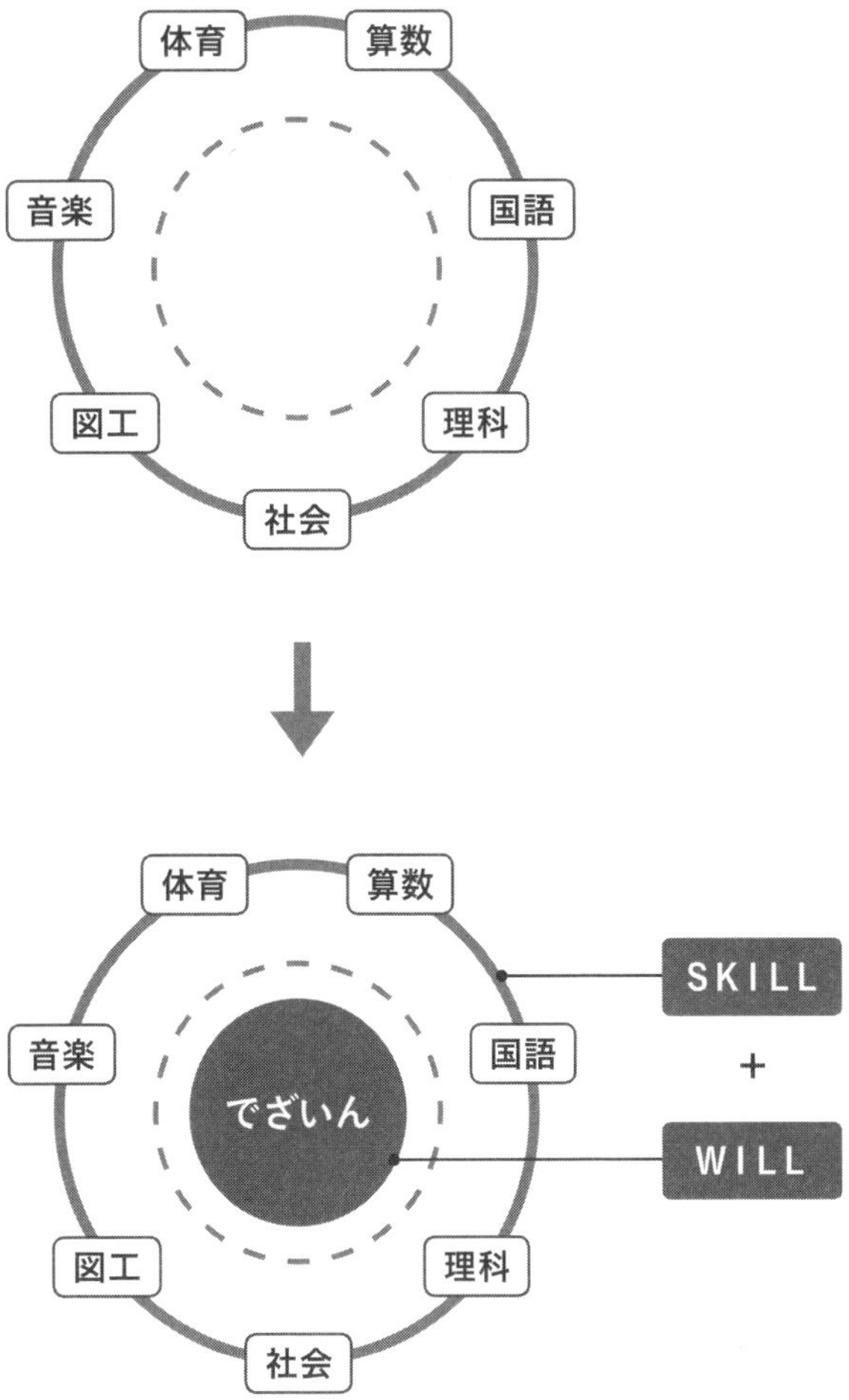

図表17　センサー・フィルター・ストレージ

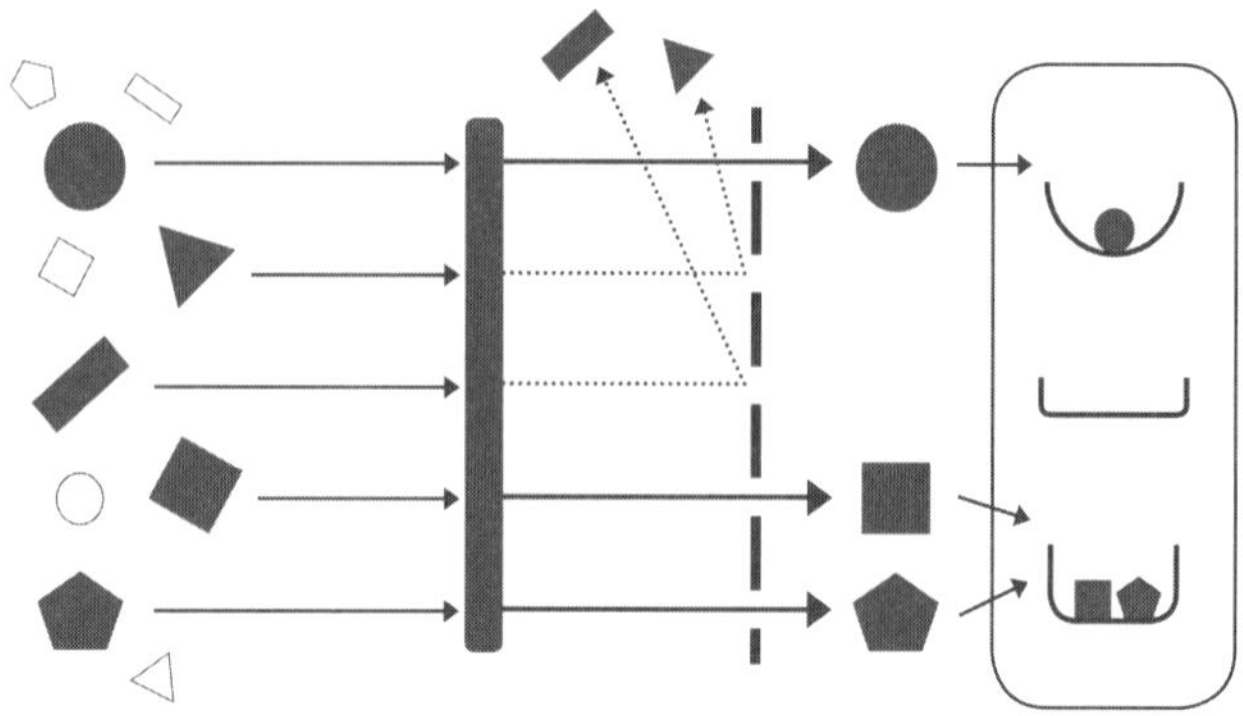

ていくことが必要だ。しかし、なにもかも受け入れれば良いというわけではない。

自分に必要な感性を見極める目、すなわちフィルターが必要となる。この「センサー」と「フィルター」のふたつの能力を高めていくと、感性の入口ができてくる。

その次にあるのは「ストレージ」である（図表17）。ストレージとは、先述したタグ付け記憶のことで、感性で味わった経験をタグの付いた引きだしの中にストックしていくことが重要である。その積み重ねの中で、自分らしさが形成されていく。そのとき、仕分けせずにポイポイと引きだしに放り込むのではなく、自分の中に哲学をもち、感性の中身をきちんと整理して分類しておくことが大切だ。

「センサー能力を広げる」「フィルター能力を高める」「うまく分類してストレージする」。この3つを育てるのが「感性教育」である。一方的に与えられた「スキル」の訓練ばかりをやっていると、感性を高める力は削がれていくだろう。これは非常に能動的な行為なのでバランスよく「ウィル」も育てなければできないことだ。

「感性教育」が天才を生みだす

おもしろい取り組みをしているフリースクールがある。神戸、六甲山の豊かな自然環境の中にある「ラーンネット・グローバルスクール」。

以前、神戸市の職員と一緒に訪ねたことがあるのだが、そこには先生たちが持ち込んだステレオやテレビなどのガラクタの山があり、それをニッパーやらドライバーやらで子どもたちがばらし、その部品から、ロボットをつくっていた。

小学3年生の子どもはパソコンでオリジナルのパソコンゲームをプログラムし、1年生の子どもは「犬の鼻はなぜ濡れているのか」をネットで検索して調べ、ワードでまとめていた。その空間では、各々が自由に、自分の興味のあることにとことん熱中していた。私はそんな子どもたちの姿に驚愕させられたのだ。

このフリースクールに流れる時間は、45分で刻まれている小学校とは正反対だ。おもしろいから1日中したい。したいことを1日中やっていてもいい。全員が全員、同じことをやるのが当たり前の日本の教育現場ではなかなか見られない光景だ。こんな環境の中から天才が育っていくのかもしれない。

日本の教育とは、社会を維持していくための歯車を育てることにほかならない。文字の読み書きができて、数学や社会もできて、均一な能力をもった人間を大量につくること。それ以上に長けた能力というのは、あまり必要とされていないようだ。

45分という初等教育の授業時間も疑ってみるべきかもしれない。楽しく算数をやっていたらキンコーンとチャイムが鳴り、唐突に体育がはじまる。そして汗だらけのまま国語がはじまり、へとへとになって本を読む。ようやく国語の頭に切り替わったと思ったら、今度は図画工作……。なんというめまぐるしさだ。

人間の頭は45分やそこらで簡単に切り替えられるものではない。そもそも授業がおもしろくないから、子どもたちが興味を持続できる範囲が45分しかないのだろう。これでは、新しい価値観を生みだす人間が育ちにくいはずだ。

「ラーンネット・グローバルスクール」のような教育が、もしどこの地域でも行われていたら、子どもの目は多分、今とは違ったであろう。一人ひとりの個性を育てるダイバーシティ的な考え方、そして時間を区切らずにとことん考えて興味を育てる、そしてなによりも大切なことは、スピードより質を重んじること。そこに意志が芽生え、先読みの能力が必要とされていく。そのため、アンテナを張ろうとして、さらに感性が研ぎ澄まされていくのだ。

「感性」という曖昧なものを伝える

先に紹介した、私が非常勤講師を務めている九州大学では、感性の研究教育を通じ、さまざまな「知」を、ユーザーの感性と融合させ、新しい高度専門人材を育成する取り組みをはじめている。文部科学省との取り組みでは、「感性と住まい」「感性と食」「感性と児童」「感性と医療」「感性と素材」といった、感性と工学の掛け算で生まれる領域も研究対象だった。

これを例にとると、たとえば病院に行ったとき、どうやって医者に「この痛さ」を伝えればいいのか悩むことがある。シクシク痛むのか、ズキンズキンと痛いのか。言葉でしか表現できなかった痛さというものを、いわゆる感性表現で、どう表現したら痛さの質が伝わるのかを研究対象にしているのだ。食も同じように「辛い」といっても唐辛子とわさび、山椒は辛さの質が違う。

つまり言葉による感性表現には限界があるので、それを補うファクターを考え、感性をデータ化することで、別の場所でも同じ味を再現してみることができるかもしれない。感性という曖昧なものをデータ化して正確に人に伝えるという、とても興味深い取り組みだ。このように曖昧な感性の定義を掘り下げることで、私たちはより受信者への共感力を高めることができるようになり、発信者と同じような「なりきり」体験ができるかもしれないのだ。また、感性の工学化は、人ごとに異なる感じ方のあいまいさに基準を与えることができるため、細かな差異が見えてくるレベルにまで、解像度が上がるような気がするのである。

3　俯瞰力を鍛える

相手になりきって考えると運は生み出せる

親鸞聖人が唱えた仏教の思想に「唯識」という概念がある。

私の名刺には、私の会社（株式会社ハーズ実験デザイン研究所）のマークとして八つの丸い穴を開けているのだが、これは「八識」といって八つの感覚を表現したものだ。表層の感覚として般若心経には「耳鼻舌身意《にびぜつしんい》」という五感を意味する部分と「意思」がある。さらに、その下の潜在意識には「末那識」「阿頼耶識」があり、それで全部で八つとなる。

人間は生命を維持するために「自我」を形成する。自分にとって不利益なことが起ころうとすると、自我が沸きだしてきて対抗しようとするのだ。この自我は誰もが必ずもっているものだ。たとえば大勢の友人同士で撮った写真を見せると、間違いなく全員が自分の顔をまず探す。その後、ほかの人の顔を見ることになる。これは自我があるゆえだ。「末那識」とは、その自我の固まりのことである。仏教では、自我を滅却して利他のために動きなさい、無我の境地に至りなさいと教えている。自我が暴走することによって、人を妬んだり恨んだりと、いろいろな悪が芽生えてくるからだ。

自我は全部で一〇八つあって、それを「煩悩」と呼ぶ。昔の私は、その理解におよばず「煩悩大賛成」といっていた。欲しいものを手に入れたり、きれいな服を着たりと、人の煩悩がデザインを動かす原動力になるのだと思っていた。しかし、それは間違いで、仏教を知れば知るほど、一〇八つの煩悩は「自分がよくなるために人を貶める」といったような悪いものばかり。

どうやら人間とは、自制せずに放っておけばどうしても自分中心に動いてしまう生き物らしい。「邪魔者のこいつさえ蹴落とせば自分が有利になれる」といったことを考えるのが人間であり、いかにライバルをだし抜くか考える起業戦略もまた同じだ。

自我を押さえて人を立てることを第一義にしては、不利益ばかり被ると思えるかもしれない。しかし、決してそうばかりともいえないのがおもしろいところだ。自我を抑えて一旦、相手の後ろに引いたとしても、自分を立ててくれる人間のことを人は見捨てないからだ。

その恩を返そうとして、結局、より良く生かされることになる。逆に、人を犠牲にして自分のためにだけ動いていると、相手はより強く攻撃を仕掛けてきて、結局は損をすることになる。仏教ではそのことを教えている。

人間の自我を形成する末那識の存在そのものを消し去ることは、むずかしい。親鸞聖人でさえ、自分は自我をもっていてどうしようもないといっていたのだ。ただ、そのことに気づいていれば、修行によって自我を抑えていくことは可能である。自我の固まりである末那識に引っ張られて、悪いほうに人を疑ってみたり、自分だけがよく生きようとしてしまうことがある。

しかし、自分の感じ方を豊かにすることで、できるだけ歪みのない意識に変えていくことができるのだ。日常的に自分の感性を高める努力をしている人、自我を超えて利他のために動ける人、大志のある人、楽をとらず手間をかける人。そういう人間は、優しさ、楽しさ、尊敬、感謝に溢れていて、自然と人が集まってくるだろう。人の輪が輪廻のように還ってきて、結局なにもかもがうまくいく。運は生みだせるという気がする。

まわりを受け入れれば相乗効果が生まれる

先ほど紹介した「なりきりワークショップ」も一種の修行のようなもので、相手の身になって考えていると、本当にその人の中に入り込んでいるような没入感があり、その間は自我を消し去ることができる。「アインシュタインは光になった」とか、「道元は雨だれになった」という話があるが、これはつまり相手になりきっていたということだ。相対性理論をうちたてたアインシュタインは、自らが光になりきってイメージした。演繹《えんえき》的手法を積み重ねる物理学の世界でも、直感的な結論をイメージから導くことができたのだ。結局、人間はあるところまでいくと直感が一番正しい。感性が鋭くなればなるほど直観力は上がるといわれているのだ。

つまり、「感性は上手に操らないといけない」ということである。その秘訣は、人のしないことをすること。面倒くさいことをあえてすること。遠回りをすること。損をすること。自分のために損を取るような人間は、必ず助けられるものだ。結局、利他のために動くことが、一番遠回りのようで早道なのだ。

有能な経営者たちは、この理論をビジネスに生かしている。たとえば、国道沿いにラーメン屋をだしているとする。自分の店舗のすぐ隣に新しいラーメン屋ができたとき、邪魔だから潰れて欲しいと思うのか、そうではなく、隣にお客が来るようになることで自分の店への選択肢も増えると、相乗効果を狙うのか。度量の広さが試されるところだ。

これをベクトル化と呼んでいて、ベクトルを重ねることでビジネスにスケールメリットが出てくる。常に排斥する方向で動く経営者と、ベクトル効果、相乗効果を喜ぶ経営者と２通りある。後者のほうが、感性が豊かであり、短絡的に排斥しようとする人は、事業が長続きしないと思う。上に立つ有能な人間は排他的にならないことも、感性を磨くためには大事なのである。

広く深く観る力で感性を磨く

経営者の多くは、日々自分を高め、感性を磨いている。また、感性を発信する側の職種の人もしかりだ。意識してそれをしている人とそうでない人とでは、物事を俯瞰して考える能力が、まったく違ってビジネスに反映されてくる。だからこそ、経営者や感性の仕事をしている人は、感性を触発される良いものに触れる経験を積まなければならない。

たとえば、一泊10万円する高級リゾートのおもてなしと一般的な宿で受けられるサービスはどこが違うのだろうと考えると、結局はすべてが「感性」に帰結する。

食事の味や演出、季節や時間に合わせたしつらえ、人の行動を読んだ風光明媚な導線、サービスのタイミングや質、そのすべてが感性に訴えかけている。上質なおもてなしは「感性の総合力」とでもいうべきか。これはなにも、贅沢して高級なところばかりに行くべきだというわけではない。海外で異文化に触れるのでもいいし、とにかくいろいろな人と接して多くの経験を積み、感受性を豊かにしていくことが大切なのだ。さまざまな経験を元に、広く浅く俯瞰していくと、物事の全体像を見る目が養われていく。

私は、宮本武蔵が九州の洞窟の中で書き上げた「五輪書」という本が好きだ。その中で「剣をもって相手と対峙するとき、あなたはどこを見ますか？」という問いがある。相手の剣先を見るのか、手を見るのか、目を見るのか。

実はこの答えは、「どこを見るともなく全体を見る」ということのようだ。草の陰から吹き矢で狙っている敵がいるかもしれない。もし、宮本武蔵が剣ばかりを集中して見ていたら、吹き矢でやられているだろう。

このように彼は、全体を見ているから、吹き矢もよけられるし、相手も斬りつけることができる。私はこの「五輪書」を読んだときに、全身に鳥肌が立った。実際に吉岡一門を何人切り殺したかは定かではないが、70人と対峙《たいじ》し、それでも生き延びている。前方の人間と剣を交わしている間に、後ろからも切りかかってくるような戦いでも、そのすべてが鳥瞰のように見えているというのは純粋にすごいと思う。

部分を見る目と全体を見る目。これは、感性受容（センシング）のあり方について、部分だけではなく、状況を俯瞰することで、網羅されることを意味している。つまりは、全容を把握できる感性を磨いて俯瞰力を鍛えることにほかならない。

4 自分の感性を理解する

「らしさ」の認識が自信を生む

みなさんは、自分自身の感性について、人からどう見られているのか気になるだろう。世の中のマーケットは、さまざまな分野のライフスタイルによって商業的に細かく分類されていて、見た目の人の個性は、その組み合わせで構成されているといっても過言ではない。「組み合わせ」といった理由は、どれだけ無印良品が好きでも、服からインテリア、食べ物、聞いている音楽までがすべて無印良品というように、ひとつの典型に収まる人は珍しいからだ。人は、砂糖とスパイスのように相反するバランスによって、ふたつとない個性を生んでいる。そのため、ペルソナが千差万別になるのは当然だ。

私の講座では、学生たちにペルソナボードなるものをつくらせ、自分自身を紹介するプレゼンテーションをしてもらっている。この課題は、自分の好きなファッション、好きなモノ、好きな音楽、好きなところ、憧れの人や尊敬する人、好きな本、好きな映画、自分のルーツ

ペルソナボードの例

……といった今の自分が共感し、影響されている画像要素を1枚のボードに纏めるというものだ。

　あらためて、客観的に自分に影響を与えている要素を集めると、1枚の画像にその人自身が投影され、この先、自分がどんな企画を立て、どんなデザインを手がけるのかも見えてくるのだ。そうすることで、単に流行を模倣するのではないしっかりとした自己フィルターが芽生え、そこに「らしさ」が生まれ、「らしさ」の積み重ねが、自信へとつながっていくのだと考えられる。

　このように、自分の感性を理解し、可視化表現することで、周囲の人たち

図表18　感性表現マトリックス

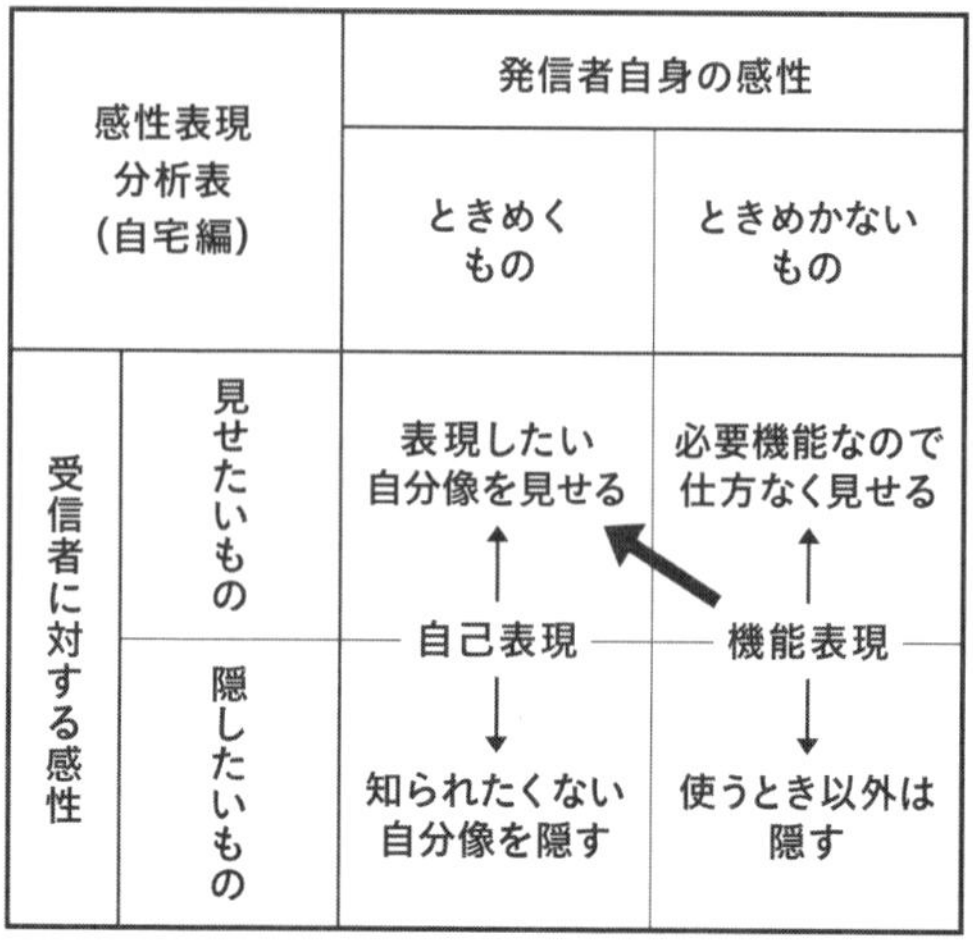

感性表現分析表（自宅編）		発信者自身の感性	
		ときめくもの	ときめかないもの
受信者に対する感性	見せたいもの	表現したい自分像を見せる ↑ ─自己表現─	必要機能なので仕方なく見せる ↑ ─機能表現─
	隠したいもの	知られたくない自分像を隠す	使うとき以外は隠す

に自己表現（らしさ）を伝えていくことができ、同時に自分への自信を生むことにつながることがわかった。では、実際に普段の生活の中で、どのようにして自己表現（らしさ）をするのであろうか。

個性と知恵とセンスを見える化する

ここで、「感性表現マトリックス（自宅編）」なるものを考案した（図表18）。

ある人物の住まいで、その人が発信する感性表現に訪れた人が共感する、そのメカニズムを探るために、次のような単純なマトリックスを考えてみた。まず、そこに住んでいる発信者自身にとって、家の中で「ときめくもの」と「ときめかないもの」が混在していることだろう。また、訪れる受信者に「見せたいもの」や、「隠したいもの」があるだろう。この4つのマトリックスで、部屋にあるすべてのものを分類してみると、その人がどういった感性表現をしているかがわかり、たちどころに現状把握と改良ができることから、自身の生活空間の見直しのみならず、接客業をはじめ、商品企画などのビジネスに必携のツールだと考えている。

感性の質が良く、伝え方が上手な方は、部屋のしつらえ、家具や雑貨、照明器具、そして明かりの色温度や音楽、部屋の香りまでが、その人の個性を反映した空間になり、訪れる人の共感を得ることができるのだ。

では、具体的に感性表現マトリックス（自宅編）を使ってみよう。四象限に分かれているので、それぞれの象限ごとの特徴を説明していきたい。

①「ときめくもの」×「見せたいもの」

自分の感性を揺さぶるものだから、ぜひ友人にも見てもらい、感性を共有したいと考えるところがこの第一象限だ。ここでは、その人の個性が発信され、見せられる友人もその人らしい感性に共感をもつか、やれやれと思うか、いずれにせよ本人らしさが上手く演出されているのだ。好きで、見せておきたいもの。その人らしさや個性が発揮される。たとえば、「旅先で買ってきたお気に入りのアンティーク」「飲むたびに剥がしてきた地ビールのラベル」「オークションで競り勝ったプレミアモデル」などである。しかし、好きだからといってなんでも飾っていいわけではない。見せたい自分をどう演出するかをコーディネートする必要がある。

②「ときめくもの」×「見せたくないもの」

本当は好きだが、隠しておきたいもの。たとえば、「酒好きなことを隠したいから酒瓶を戸棚にしまう」「アニメフィギュアを見られてオタク呼ばわれされたくないので隠したい」「憧れの人の写真は見せたくない」などである。しかし、この第二象限では、本当の自分を隠してなりたい自分を演出していることから、誤解を生むことも多いだろう。

思い切って見えるところに置いて、自分の姿を見せることで共感を得られるチャンスがあるのだ。また、「下駄箱の中のパンプスは見せるものではない」という考えは、普段、靴は下駄箱にしまうものという常識にとらわれているのかもしれない。綺麗な靴のコレクションを隠さず見せる工夫をすることで、自分のセンスを伝えることができるのだ。ここでは、見せる工夫次第でより自己表現ができることを覚えておきたい。

③「ときめかないもの」×「見えてしまうもの」

特にそれが好きなわけではないが、だしておかないといけないもの。空気清浄器やエアコンなどは、快適な空調で空間を包んでくれればそれだけでいいものだ。むしろ、存在感を消しながらも役割を果たしてくれるものが、最も優れているといえるだろう。壁の隙間に吹きだし口があればいいのだが、後付けの場合はそうもいかない。

好むと好まざるに関わらず、そこにメーカーの売らんがための主張が形となって店頭に並ぶのだ。かくして、必要のないオーバーデザインがインテリアを阻害していくのである。この場合、心はときめかないのに姿だけはどうしても見えてしまうのだ。この第三象限では、この問題をどうすべきだろうか。ある老舗旅館では、クーラーを木製スリットで覆い、その存在を上手く消していた。同様な例として、「キッチンにある食器用洗剤は生活感が出るので、シンプルなステンレス容器に移して隠した」「マッサージ機を愛用してるが、おじさんくさいのでファブリックで隠した」など、いずれも住まい手の工夫やこだわりの個性が表現されるところだ。

また、もし、これをメーカー発想に置き換えるなら、ときめかないものをときめくものに変える企画に商域があると考える。ここに目をつけたダイソンは、扇風機をときめくものに変え、イノベーションを起こした。

④「ときめかないもの」×「見せたくないもの」

目につくところに置いておきたくないもの。紙おむつなどの衛生用品やトイレットペーパーのストック、洗濯・掃除用品などのハウスキーピング用品、薬などの医療用品もそうだろう。この第四象限は、生活には欠かせない必需品だが、見て鑑賞したり、愛でたりしないものだ。このジャンルに関しては、見えないところにあるが、徹底的に整理され、機能的に使いやすい収納方法を考えることである。隠しながらも使いやすさを損ねない住まい手の智恵とセンスが問われる部分だ。

この四つの軸をわきまえながら、住まいにあるものすべてを分類していくと、ここの住まい手の個性と知恵とセンスが見えてくる。置いてあるモノからだけでなく、モノをどう見せようとしているのかという感性なのである。訪れた人は、この感性に共感し、親しみや信頼を寄せるのである。

第４章　日本に必要な「感性価値」

1 感性価値で「ブランディング」する

「今はまだないもの」を顕在化する感性

1980年代にイギリスのサッチャー政権がブランドの資産化概念を認め、『のれん代』という考え方が日本にも浸透していった。以前は、ブランドの価値は資産として認められておらず、会計上、勘定科目もなかったのだが、現代では、会社の合併や買収でブランドに価値があれば、そこに時価総額がつくようになっている。「感性」という形のないものが資産価値をもつようになったのだ。

ブランドとは「旗」である。大きく掲げた旗の元に大勢の人が集まってくる。今後ますます振興するであろう「クラウドファンディング」もしかり。まだ実際には存在しない商品でも、その考え方やロゴマークだけは先にしっかりつくり込み、旗を掲げて人々の興味を煽り、商品開発の資金提供を促していく。前出の「Ｊｉｂｏ」というロボットはすでにアメリカで販売がはじまっている。

このように、まずブランドありきで「今はまだないもの」を先行して売りだすというのは、非常にアメリカ的である。日本は、「今はまだないもの」に価値をつけることが圧倒的に苦手で、諸外国に先を越されてばかりなのだ。

すでに日本に普及しているETCを例に挙げてもそうだろう。高速道路でいちいち財布を出さずに通過できるこの便利な仕組みは高度道路交通システム「ITS（インテリジェント・トランスポート・システム）」といって、かつて世界中で研究されていた。ヨーロッパでは「PROMETHEUS」計画やDRIVEプロジェクトが「ERTICO」となり、アメリカではMOBILITY2000、IVHSがやがて「ITS America」になり、この3つのどれが覇権をとるかで争っていたのだ。当時、次のデファクトスタンダードをとるのは、カーナビの保有台数が世界一である日本が有力視されていた。ところが、EUの自動車メーカーが連合して委員会をつくったのに対抗して、アメリカは日本と組むことを提案してきた。本来なら、アメリカと組む必要などなかったのだが、日本には組まなければならない理由があった。高速道路を手放しで運転できる、自動操縦システムを研究しているアメリカは、自動操縦中に事故が起こったときの裁判シミュレーションのインフラを研究し、問題を解決するための仕組みを特許として取得していたのだ。国際標準化の先手を取られていたので、日本がどんなにすばらしい技術を開発しても、アメリカのいまだない技術のビジネスモデル特許に引っかかってしまうことになる。日本の技術者たちは本当にがんばっているのに、インフラや仕組みといった外枠があまりにもお粗末で、特に法律、知財に関してとことん弱い。「今はまだないもの」を押さえていく感性が、残念ながら日本には足りていない。

日本人に欠けている「ブランドづくり」

「ブランド」という言葉から、なにをイメージするだろうか？　簡単には手が届かないような高級な時計や鞄を「ブランド品」として思い浮かべる人も多いだろう。しかし、そもそも「ブランド」とは、高級なものだけを示す言葉ではない。「ブランド」の語源は、ノルウェーの古ノルド語で「ブランダー（brander）／焼印をつけるという意味」であるとされている。これは、放牧している家畜に自分の所有物であることを示す印をつける行為に由来している。シンボリックなマークや名前をつけることで、自らの家畜とほかの家畜とを差別化すること。ここに端を発し、今ではほかとの区別を明確化する、あらゆる概念のことを、「ブランド」というようになったのである。

そして、初めはただ見分けるためのマークだったものが、長い時間をかけて、信頼の証に変化していくことがある。Aさんの育てた牛の質が良いという評判が広がると、その牛のもつマークを見るだけで安心感を得られるようになるのだ。

「あのマークの店の店員は親切」「あのマークの商品は梱包がていねい」など、マークを見ただけで、過去に得た満足感を思いだす。これは、誰もが経験したことがあるだろう。つまり、ブランドとは、商品そのものの品質保証のみならず、広告戦略や顧客対応など、すべての要素を引っ括めたメタファーでもある。最近では「ブランデッド・エンターテインメント」という言葉があるように、テレビ、映画などの映像コンテンツの中にさりげなくブランドを登場させ、あえてサブリミナル的な方法で顧客の潜在意識にブランドイメージを刷り込むという手法も増えている。

しかし、日本人は「ブランドづくり」が非常に苦手である。中小企業では特にその傾向が強くなり、ブランドづくりに注力するよりも、ただ質の良い商品をつくっていれば売れるだろうという考え方がいまだに根強いようだ。B to B企業などはその最たるものである。

「ネジを1万個つくって欲しい」という注文に対し、その通り、ただネジを1万個つくって納品するだけというビジネスを長年続けている企業はいくらでも存在する。このとき、ネジを納める際のサービスの仕方や、養生、パッケージの方法、アフターフォロー、あるいはその企業の技術や背景、エピソードなどの背景感性については、特に考えられていないのが現状だ。実際、B to B企業に「ブランドの価値」の重要性について話をする機会があるが、なかなか理解してもらえないことも多い。

一方で、カスタマーとの関わりがあるB to C企業にとっては、ブランドイメージというのは重要な問題である。自社のブランドを掲げてものを売っている以上、電話対応から納品の仕方まで、すべてがブランドの評価に関わってくることを、身をもって感じ取っているだろう。

ブランドを認知させ、その価値を高め、育て上げることを「ブランディング」という。私はこれを、経営において最も大切なプロセスであると思っているが、得てして、日本の企業はブランディングが苦手な傾向がある。日本製品が昔のような輝きを失いかけている今こそ、「ブランドを育てる」ということについて、原点に立ち戻り、考えていく必要があると考えている。

ある一人のすばらしい意志が共感を呼び、賛同を得て、図らずもブランディングが成り立つケースが増えてきている。逆に、ブランディングで失敗してきた日本の企業は、誰が創ったのかが見えないアノニマス（匿名、名前がないという意味）的な発信者で、しかも受信者もコモデティを想定した届け先の見えないケースでは、共感を得られなくなったのは当然だといえる。量産は共感の条件にはなりえない、品質が良いだけでもだめ、「あれもこれもできます」もだめ。どこの誰になにを共感させるかが商品に命を吹き込むのである。

背景感性価値を高めて世界一になる

私のワークショップには、町のパン屋さんから数千人規模の会社の経営者まで、多種多様な営みをしている人たちが集まってくる。そして彼らには、自分の営みのことを積極的に語ってもらうヒアリングの機会を設けている。すると、「うちの創始者である祖母が、戦後無一文のところから会社を興しました」なんていう、おもしろいエピソードがわらわらと出てくる。

そんなすばらしい話があるのに、彼らが販売する商品のパッケージにはそのようなことは、どこにも書いていない。それどころか、「そんなことを書いていいんですか？」と、とまどい気味に聞いてくるのだ。私は、「いいじゃないですか、どんどん書いていきましょう。創始者も喜ぶと思いますよ」といって、経営者自身が気づいていない「背景感性」というものに気づかせていく。そうすることで、経営者たちは自らの背景をアピールしないのはもったたいないと考えはじめ、商品にまつわるエピソードをどうやってブランドの中に加えていくのか、頭をひねることになる。ネーミングに工夫をする、あるいは商品名の下にキャッチコピーを入れる、創業についてのできごとを小冊子にまとめるなど、そのアピール方法は多岐にわたる。

この作業が「ブランディング」のはじまりである。壮大なる歴史や人物をブランドの前面にドンともって来て、胸を張って自分たちの背景をアピールするわけだ。外国の企業は当たり前にしていることだが、とかく日本の企業は背景を語りたがらない。

そもそも日本人は、自分が何者なのかということや、裏側の苦労を他人にいわないことこそが美徳だと思っているところがある。「アノニマス」が好きな民族なのだ。「アップル」といえばスティーブ・ジョブズ、「ダイソン」といえばジェームズ・ダイソンがすぐに思い浮かぶが、日本の企業はどうだろう?

外国企業に見られるほど人物を強く押しだしている企業はほとんどないのが現状だ。ジョブズなき後のアップルはどうなっていくのかと考えさせてしまうくらい、人物のイメージが強いのが外国企業の特徴であり、逆に日本では、経営者に誰が入替わろうと、その企業は存続していくという考え方がベースにある。

背景や裏側を赤裸々に見せることは決してマイナスではなく、消費者に親しみをもってもらうための手段になり得る。逆にいうと、たいして価値がないようなものでも、もっともらしく背景を語ることで、ワンランク上の価値があるように見せることもできるわけだ。日本企業は背景を語らないことで、私は、すごく損をしていると思っている。これだけの技術力、品質、機能性があるのだから、あとは経営者自身が「背景感性」を高めてブランディングすることができれば、日本は世界一のものと感性を提供できる国になれるはずだ。

未来を提供する企業こそが生き残る

日本人はブランディングが苦手である一方で、「品質、技術力を高める」というのは得意分野だ。どんなジャンルにおいても、切磋琢磨して高品質なものをつくり上げる力をもっており、その点では世界からの信頼も厚い。それにも関わらず「外側」がまるでないのが現状だ。「内側」が品質や技術力なら、「外側」とはなんだろうか。「外側」を覆っているものとは、ブランディングする能力やビジネスそのものの仕組みのことで、こういった枠組みをつくろうとする動きが決定的に足りていないのだ。

この現状を如実に表しているのが、アップル社の製品である。たとえば、ｉＰｈｏｎｅの液晶ディスプレイやタッチパネル、LEDバックライト、カメラのイメージセンサー、LTEの送受信回路部品など、大部分の部品が日本でつくられている。世界中から高品質で安価な部品を探して求めている彼らにとって、日本製品はまさに適しているのだろう。iPhoneの中身がほぼ日本製だということを誇らしく思うという人もいるだろうが、それは間違いである。日本のメーカーは、せっかくの高い技術力をもちながら、それをひとつの商品としてブランディングする能力がなかったため、アップルになることができなかったのだからだ。今後、同程度の品質をより安価で提供できる国が出てくれば、プロモーション能力のない日本はあっという間にその存在価値を失うだろう。

日本はこれまで、高品質なものを安価で提供することさえできれば、世界一になれると信じて進んできた。1979年には「ジャパン・アズ・ナンバーワン」(エズラ・F・ヴォーゲル著)という本が出版され大ヒットしたように、当時は、日本の組織力と高い技術力で世界をリードしていた。実際、ソニーのウォークマンや、ホンダのバイク、カメラなど、とにかくすべてのものが日本製で埋め尽くされている時代が確かにあった。しかし、経済というのは不思議なもので、ある程度マーケットが飽和状態になると、ハイポテンシャルだったものもスーッと下がってきて、平均化されてしまうのが常である。そして、どこの国でも同品質の商品を提供できるようになると、日本製である必要はもはやなくなり、より値段の安いほうへと流れていってしまう。日本の太陽電池もそのひとつである。世界をリードしていたはずなのに、２０１３年における国・地域別の世界第一の生産量は、中国（48％）であり、以下台湾（16％）、北米（12％）と続き、日本は第4位（８％）となってしまったのである。その中核だったシャープも台湾企業に買収されたことで、さらに順位を下げてしまったのだ。

ソニーのウォークマンは、「音楽をもち歩く」という生活スタイルを私たちに提案してくれた。「いつでもどこでも音楽を聴くことができるのは、なんて楽しいんだろう」と、人々の心を震わせ、生活を変え、経済を動かした。ウォークマンは、音を出すという機能を提供するだけでなく、人々の生活のキャパシティを広げたのだ。原動機付自転車を開発した本田宗一郎もしかり。カブに乗るという生活そのものを提案し、社会のモビリティのあり方を大きく変えている。このように、私たちに未来を見せてくれる日本企業が昔はたくさんあったのだ。大切なのは、企業が消費者に対してどんな未来を見せることができるのか。アップルは常に未来を提案してきた企業だ。アップルの製品をもつことで、そうありたい自分に近づくことができる。モノが自分自身を昇華させていく力になり、理想がいつのまにか日常化していく。そんなサービスを提供していける企業こそが、生き残っていける。

図表19　中身は日本製　ブランドは海外のものの事例

ボーイングの次世代大型機「B777」
2020年の就航を目指すボーイングの次世代大型機「B777」の製造に、日本から5社が参加している。「777X」に使用される日本製部品の比率は21％にもなる。各社、工場の増設を検討しており、中小企業の航空機産業への参入にもつながっていくとみられている。輸出のコストも甚大になる飛行機部品を、あえて日本で21％も製造するというのは、非常に大きな数字である。
鯖江のメガネフレーム
福井県鯖江市は日本のめがねフレームの一大生産地。1905年に農家の副業としてはじまっためがねづくりだが、需要の高まりとともに町全体の産業として拡大し、発展を遂げてきた。その品質の高さは世界からも注目され、現在では、シャネルやアルマーニといった有名ファッションブランドのめがねも、そのほとんどが鯖江製となっている。
壽の筆記用具
埼玉県に本社と工場を構える筆記具のOEM製造会社「壽」は、シャープペンシルやボールペンに関する特許で国内随一。その精巧なつくりが国内は元より世界中で高く評価されている。A.T Cross Company / Sanford /Parker Pen Company/ Waterman S.A / Bic Corporation / Staedtler Mars GmbH/ Faber Castellなど、有名メーカーのシャープペンやボールペンが、日本の埼玉県で製造されている。
iphone6の日本製実装部品
iphone6には約1300点の電子部品が搭載されている。数量ベースではそのうちおよそ700点が日本メーカー製で、全体の半分を超えている。
児島ジーンズ
岡山県倉敷市の児島で、日本で最初に国産ジーンズを誕生させた「デニムの聖地」は、その技術力の高さから、世界中のジーンズメーカーからＯＥＭの依頼が殺到している。 児島は地域全体で、生地、染色、縫製、加工といった各工程の分業が確立していて、現在は30社以上のジーンズメーカーと、200社以上の関連業者を擁し、国産ジーンズの約４割を生産するまでに発展している。加工技術の高さでいえば、世界的に標準となった軽石と一緒に洗うストーンウォッシュをはじめ、さまざまな独自の加工技術が生みだされ、数多くのプレミアムジーンズが児島から生みだされていった。ここでは、ＯＥＭも存在するが、桃太郎ジーンズをはじめとする地域ブランド化に成功している例でもある。

感性経営が日本のモノづくりを救う

日本の禅に傾倒していたスティーブ・ジョブズは、その禅的思想をアップルの経営にも生かしていた。無駄を削ぎ落として、根幹にあるものだけを残すという禅の行為が、アップル的なミニマリズムを生んだのだ。アップルの製品は、パッケージを開封するところからすでに感動がはじまっている。封を開けるその一瞬の喜びを提供するために、コスト度外視の完璧なパッケージが用意されているのだ。これは、その瞬間の出会いに相手に対して最大限のおもてなしをするという禅の行為にも結びつく。感動する人が多いほど、量産効果が高まり、結局はコスト問題にかたがつく。

そもそもアップルがつくるｉＰｈｏｎｅは、多種多様な携帯機種のなかでも別格の存在だ。他メーカーがつくる携帯電話は、ドコモ、ａｕ、ソフトバンク、各キャリアに向けてデザインされるのが常であるが、アップルの場合は逆だ。製品に、アップル以外のロゴをいれることも許可せず、自らが決めたマニュアル通りにしか売らせないと、我が道を突き進む。キャリアのほうが完全に下手に出てでも売らせてほしいのがｉＰｈｏｎｅなのだ。メーカーがアッセンブリーメーカー（パーツを組み立てて、自社の商品にして販売する会社）になってしまっている他機種とは大違いである。アップルは自らのブランドを格上の存在として崇めさせる戦略に長けている。それは対ユーザーであっても同じことがいえる。

アップル社製品には分厚い説明書は入っていない。しかし、それに対して不満を感じる人は少ないだろう。「そういうものだから仕方ない」と、使い手は教育されているわけだ。目下の存在にいわれると腹が立つことでも、自分より高い目線からいわれると納得してしまうのが人の心理である。説明書が欲しいなんていったら逆に笑われてしまう。そんな世界観をつくった、この「無言の強さ」というのも、禅の思想に通じるところがある。世間に憧れのブランドとして認知してもらうには、「お客様は神さまです」ばかりではいけない。ブランドの名の元にひれ伏す快感を求めている層は、実は多い。

日本のメーカーはただただ腰が低く、「禅の考え方」だけを奪われてしまった。日本人は本来もっていたはずの禅の感性をいつしか忘れてしまい、ひたすら機能と価格でビジネスを成功させようと思ってきた。これが、日本の敗因だ。

コモデティを追う結果、マスゾーンの対象を低いところに合わせているケースが日本の家電メーカーに多く見受けられる。常識となっていることを懇切ていねいにいう、いわゆる度を過ぎたユーザビリティは顧客に響かないどころか、ユーザーを落胆させる。ユーザーは、メーカーと一緒にランクアップしていきたいのである。ユーザークラスターのペルソナをしっかりと構築し、それぞれのスキルアップを叶える商品がこれからのニーズになるのだ。

同じ感性からは、同じ発想しか生まれない

ある美術大学で授業を行ったとき、50人ほどの生徒に質問を投げかけた。すると、だいたい3人から5人はまったく同じ回答になってしまうのだ。5人が同じ答えだとすると、50人いても10通りしか答えのパターンが出ないことになる。デザインのソリューションなどは人の数ほどあってほしいのに、なぜ同じ答えばかり出るんだろうと考えたとき、ふと気がついた。彼らを見ていると、みんな、学食で同じメニューを食べている。みんな、同じような郊外都市に住み、同じようなワンルームマンションで寝て、同じ課題をやって、その結果、同じ答えしか出てこないのだ。発想や想像は経験から生まれるものなのに、その場にいるほとんどの学生たちが同じような経験しかしていないことを、そのとき強く感じた。

今、海外の大学では、ダブルメジャー化が進んでいる。自分の専攻する科目とはまったく異なる分野からも履修することができるのだ。たとえば、デザイナーがフランス料理を修得したとする。そのうえでフライパンをデザインさせると、見た目が美しいだけでなく、フラ

ンス料理をつくるうえで機能的なデザインを追求しはじめるだろう。ある部分にだけ少し厚みをもたせたり、傾けながら調理しやすいような形であったり、さまざまな発想が出てくるはずだ。普通のデザイナーには思いつかないアイデアを、フランス料理を体験しているデザイナーは思いつくことができる。デザインスキルになにか違う経験を組み合わせるだけでも、発想はもっともっと豊かになっていく。

日本がもっている素地・素材を生かす

今、多くの中国企業が日本の工場を使って自社製品を生産したがっている。日本企業がこぞって中国に工場をもっていたほんの数年前とは真逆のことが起こっているのだ。円安の影響もあるが、「メイド・イン・ジャパン」を銘打ったほうが世界で評判が良く売りやすいので、日本の工場を使ってモノをつくりたがるというわけだ。日本の企業に頼めば、品質も良くきれいなものをきっちりとつくってくれるだろう。

アップルに下請け的に使われていた日本は今、中国にも同じように使われはじめている。このままでは、日本は下請け大国になってしまうだろう。下請けが問題なのではない。品質の良さが評価されているだけで、そこに独自のアイデアがまったく入っていないのが問題なのだ。つまり、ブランドだけが日本のメーカー名で、中身のプリント基盤やデバイスは中国のもの。しかし、OEMを大量にこなす中国は、品質管理のレベルも年々高くなり、「日本製は品質がいい」というイメージは、すぐに取って代わられるだろう。大事なのは、日本がデファクトスタンダード（事実上の標準）でイニシアチブをとらなければいけないということだ。

たとえば、夢みたいな話ではあるが、iPS細胞事業を成功させて、日本でリゾート医療産業なんてどうだろう。無機質な病室にステンレスの冷たい器具が並んでいるような現代の病院では、そこにいるだけでますます具合が悪くなってしまいそうなものだ。だったら、病院に行くという行為を、「水着もって行かなきゃ！」くらいの感覚で楽しめる娯楽の一環にしてしまえばいい。外国からのお客さまは、日本の「おもてなし」精神に癒され、風光明媚《ふうこうめいび》な観光地を味わってもらい、ジャパンリゾートを満喫していただく。そうしている間にも、病院では自分のコピー臓器がつくられていて、最後に手術して悪い部分を入れ替えて、元気になって帰ってもらう。荒唐無稽《こうとうむけい》な話ではあるが、未来を見すえるのであれば、これくらいのことをイメージしたほうがいい。日本には素地、素材がある。そしてそこにはアイデアとブランディング、自分を変えてくれるような体験が必要なのだ。

2　体験型ビジネスが世界を変える

「感性ビジネス」への移行

　今までの商品は、いわば「時間代行型」であった。たとえば洗濯機。タライと洗濯板で洗う時間をなくすために洗濯機が誕生した。炊飯器もフードプロセッサーもそう。手間がかかることは全部機械がやってくれるのだ。託児所などのサービスも同じで、本来なら子育てに充てる時間をほかのことに使うことができるようにした。しかし今、そこに少しずつ変化が起きていて、「時間代行型」から「感性ビジネス」へと移行している。

『里山資本主義』（藻谷浩介 日本放送協会著）という本の中で紹介されているこの感性ビジネスにつながる事例がある。自治体が運営するレストランで、小さな子どものいるお母さんでも安心して働ける仕組みだ。

　レストランの隣には託児所があり、その隣には老人ホームがある。そこのお年寄りが子どもたちと遊んでくれる。孤独だった独居老人も、子どもたちを見ることが生きがいになり、かわいがって、いろいろなことを教えてあげるのだという。そうやっておじいちゃん、おばあちゃんが手伝ってくれると、託児所で働く保育士さんは楽になるし、おじいちゃん、おばあちゃんも嬉しい。隣で働いているお母さんも子どもが窓越しに見え、おじいちゃん、おばあちゃんと仲良くなったという。また、軒先農園といって、農家のお宅でこれまで肥料にしていた形の悪い野菜を、施設の人が集めてまわるのだそうだ。形の悪い大根をいただく代わりに農家の人に町内だけで流通する金券を支払う。その金券を自治体が運営するレストランにもっていくと、食事をすることができる。そこで出てくる料理に、自分が渡した大根が入っていたりする。このように、人やモノを気持ちよく循環させているのだ。

この施設は、子どもと老人とレストランで働く人、そしてレストランに来る人たちのコミュニケーションの場になっている。そこには感性の交流や共感が溢れている。大半の託児所は、単に子どもを預ける場であり、その間、子どもの顔は見られず、自分の働いたお金もそこに流れていってしまうのだ。このアイデアはそれぞれを切り離すのではなくて、それを複合化することで、初めて機能を果たしているように思う。単に時間を創出するためとか、なにかを代行するといったビジネスがだんだん影をひそめていく。代わりに、感性を必要とするサービス業や事業が増えてくるだろう。人の感性が行き交う。そういうところひとつを見ても、少しずつ感性を育む時代に変わってきているように思う。

「経験」を共有する場を提供する

家電製品や車、洋服、日用品といった「モノ」を購入させることで、私たちの経済は発展し、人々の暮らしは豊かになってきた。しかし今、形のあるモノよりも、時間や空間にお金を使う人々が増加している。たとえば、カルチャースクールやスポーツジム。娯楽でいえば、映画やネット配信コンテンツ、コンサート、観劇、旅行など、見たり聞いたり感じたりする「経験」を購入している。

こんな話がある。ある通販会社がウォーキングシューズを発売したが、まったく売れず、在庫の山となってしまった。そこで、その靴に「美しく歩きながらできるダイエット」というDVDをつけて売ったところ、なんと、瞬く間に完売してしまったそうだ。「靴」というモノに「歩き方」という経験価値を加えただけで、消費者の反応はまったく違っていたのだ。購入者は、美しく歩く方法というスキルをDVDから学び、背筋が伸びたとか、歩幅が変わったとか、お腹がへこんだとかで大喜びしている。彼らは、ただ靴を買ったのではなく、まさに「経験」を買っている。

このような「経験」を売るビジネスが今、注目を集めている。ヨガ、生け花、料理教室など、カルチャースクールに行くと、自分と同じ嗜好の人が集まっているだろう。体験型ビジネスは、他人と感性を共有する喜びを提供してくれる。生け花をすることだけが目的なのではなくて、生け花をするような人と感性を共有したいのだ。それは、経験経済といわれるものの、ひとつのあり方であり、そういった考え方に賛同しあうコミュニティ、クラスターが、勤務先や学校と家とは別次元の新たな社会構造を形成している。

食べる、着る、寝るといった人間の基本的な欲求よりも、もう少し深いところにある心理的な欲求を探り当てて、その経験を共有する場を提供しているのだ。モノに「経験」というファクターをプラスするやり方は、これからのビジネスでの大きな流れになっていくだろう。

新しい体験型ビジネスを発見する

ここで一度、モノ中心の経済から経験経済へと拡大してきたマーケットを俯瞰するようなグラフを考え、今、私たちの周りで起きている体験事象をプロットして整理してみよう。

高齢者や障がい者など、身体的なハンディによって積極的な体験ができない人へのサービスもビジネスチャンスととらえる。また、モノベースの衣食住だけに終わらないコトの魅力

図表20　体験ビジネスマップ

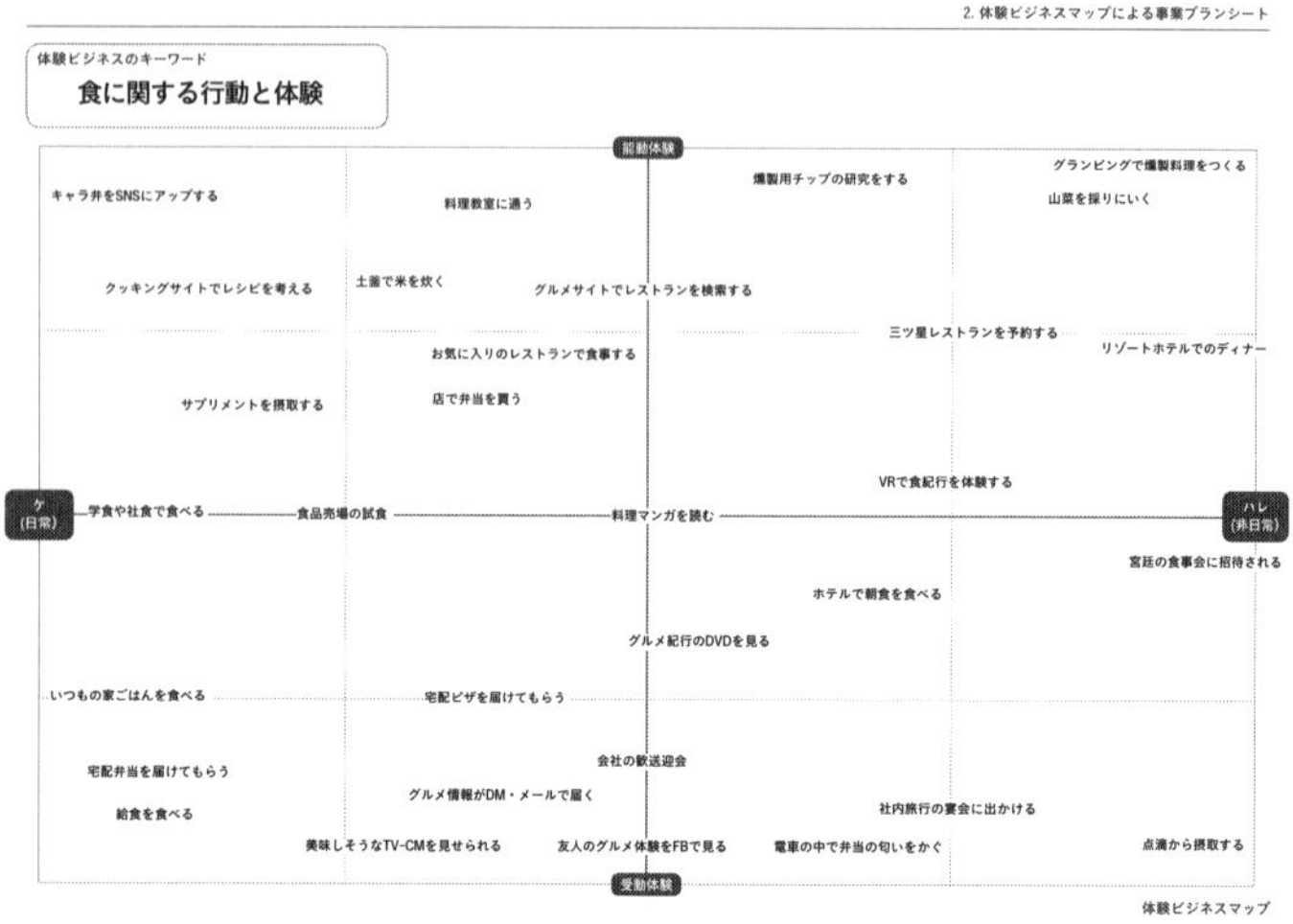

体験ビジネスマップ

を加えることで、精神的に豊かな暮らしを体験している人たちもここで見えてくる。具体的には、縦軸に能動体験と受動体験という軸を、横軸にハレ（非日常）とケ（日常）という軸を取ることにする。縦軸では、上に行くほど、積極的な意志をもった体験を得ようとし、反対に下に行くほどなすがままの経験を享受することになる。

横軸は、非日常的な期待感によってワクワク、ドキドキするような感覚が大きければ右寄りになり、反対に穏やかな日常的な習慣が繰り返されるルーチン的体験は左の方にプロットされていく。

図表20にある体験ビジネスマップを説明しよう。ここでは、「食」をテーマにした体験ビジネスをプロットしている。右下では、普段と違って食を自分で選択することができず、点滴によって強制的に摂取させられている状態を経験している。右上では、グランピングで、さまざまな木製チップを選び、燻製にしたい食材を入れて楽しんでいる状況が見て取れる。左下は、自分の意志で選ぶことなく、宅配弁当が届けられたり、給食を食べたりする体験がプロットされている。食の情報をバーチャルに感じ取ることができる。また、左上は、キャラ弁をSNSにアップするなど日常習慣的に自分の意志で行動体験している状態なのだ。

この例では「食」だったが、実際は進めていきたいビジネスキーワードをテーマに、付箋を貼りながら次々とプロットしていくのだ。この体験ビジネスマップ上には、今まだそこにないアイデアで、ユーザークラスターに対応した新しい体験型ビジネスが見つけることが容易になる。

この体験ビジネスマップから生まれた商品を紹介しよう。

METAPHYS TOTTから発売されたスマートな所作をつくる靴べら「cliph」だ。玄関先で靴を履く行為は自宅なら気にする人はいないだろうが、どこかへお邪魔したときは見られていることを意識しない人はいないだろう。そんなときに「靴を履く」というテーマで体験価値を生みだすようにプロットしていき、そこから開発テーマを見つけ出している。どこかへ訪問するという非日常と、訪問先の靴べらに頼らないという能動体験のクロスするあたりにビジネスチャンスがあるととらえ、そこから企画を立案しているのだ（図表21）。

そうしたときに靴べらという単なるモノを超えて、履く姿がダンディに見えるとすると、それは体験価値が付加されたモノへとランクアップするのだ。胸ポケットからサッと取りだして靴を履く一連の美しさを第三者に見せるためにはどうあるべきか、モタモタと探すのではなく、定位置に置けること。つまりクリップ付きにすることで、胸に入れてアクセスを素早くさせること。

こういうふうに、モノに体験価値を与えていくことを商品開発の手法に取り込むことで、商品のメッッセージが飛躍的に向上することをお伝えしておきたい。

図表21　靴を履く行為を美しく見せるための実験

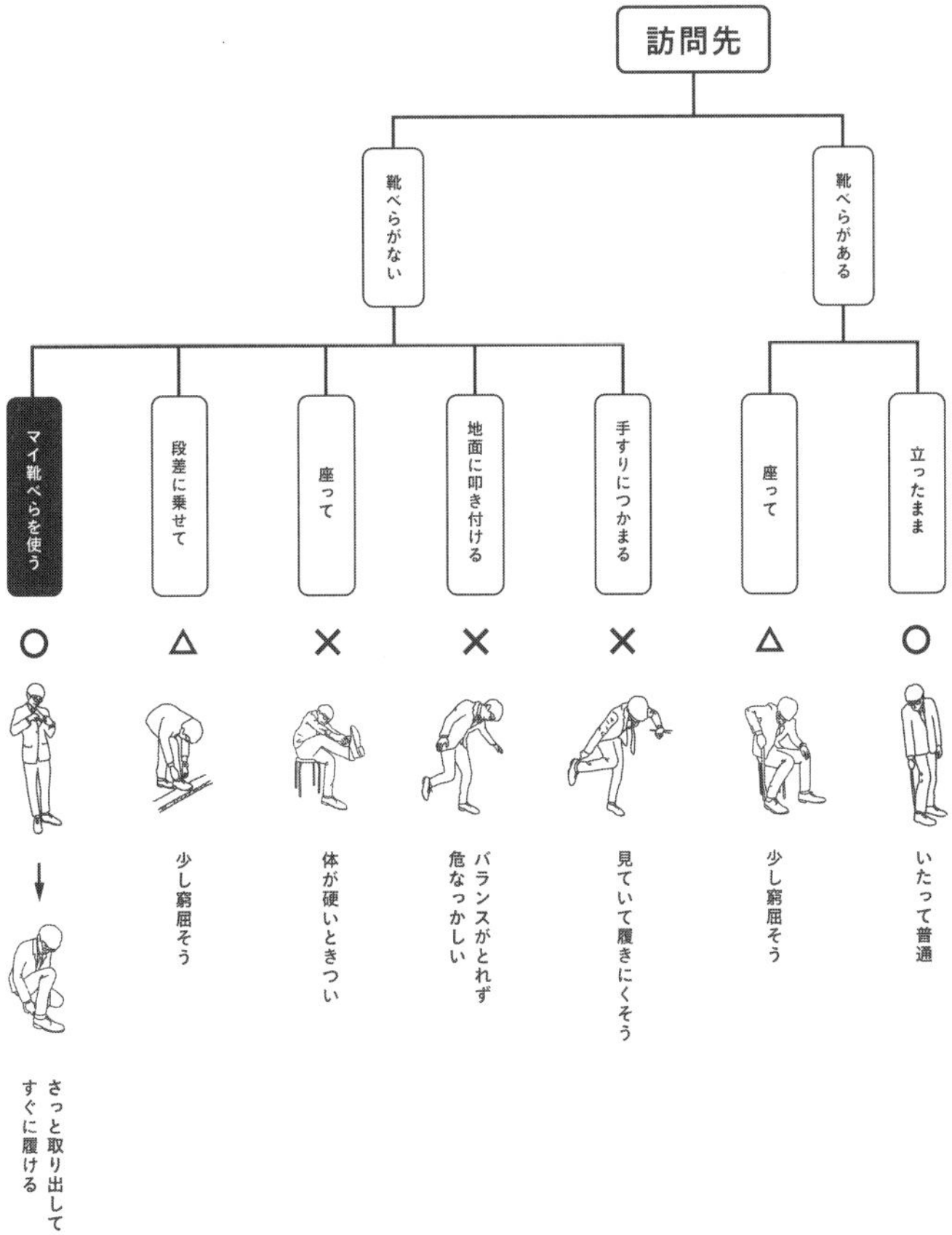

第５章　ビジネスを成功に導く「感性ポテンシャル」

1　明暗を分ける感性ポテンシャル

「感性」の潜在的な力が成功のカギ

感性価値の意味を語るときに、第1章で紹介した椎塚氏は「合理性」と「価値観・感情」のふたつのファクターの重要性を述べている。映画や音楽など合理性だけで判断できない事例に対して、「価値観や感情」は、物事を評価するときの基準となり、人それぞれの価値観によって相違が生じるのだ。その価値観はすなわち、個人個人の経験の相違からくるものなのである。したがって、感性価値は、個人の経験則に基づいた価値観であって絶対値ではない。つまり、感性を生むかもしれないポテンシャルのことだと考えられるのである。

私たちがよく使う「ポテンシャル」とはなにかを考えるとき、「潜在的な力」「可能性としての力」という言葉が一番、的確かもしれない。「潜在的」であって絶対値ではないところが重要だ。私はもともと物理を専攻いたので、「ポテンシャル」という言葉は物理用語として普通に使っていた。

辞書を引いてみると、「重力場の中にある粒子がもつ位置エネルギーを、位置の関数で表したスカラー量」とある。要するに、本来ポテンシャルというのは、磁場に発生する電子の位置エネルギーのことだ。

それが物理用語ではなく、一般的に使われるようになってきた。「成長ポテンシャル」「発展ポテンシャル」「開発ポテンシャル」「回復ポテンシャル」などがすでにある。将来的展望を表す複合語が多いのだ。だから「感性ポテンシャル」という言葉があってもおかしくないのである。つまり、「可能性」といいかえてもよい。感性がもつ可能性ということだ。

たとえば、秋葉原のメイドカフェは、私には響かない。しかし、あるマニアにはものすごく響くかもしれない。人によってポテンシャル量は変わってくる。ある人にとってはゼロでもある人にとっては、ものすごく大きな価値があるかもしれない。

ポテンシャルは商品、あるいはサービスの市場規模にあたる。成長市場にあるのか、それとも停滞市場にあるのか想定しながら、市場規模がどのくらいの可能性をもつか検討する。市場というのは絶対値ではなくて可能性だ。その可能性を成立させるには、どんな人がそこに来て買い物をするかプロファイルして、ある特定のカテゴリーにクラスター分けする必要がある。このクラスターには響くけど、こちらのクラスターには響かないということなどだ。

プロファイルによってクラスター分けされた人たちがマーケットに関わってくるのであり、そのボリュームゾーンの見極めによって、マーケットが成功するかどうかの可能性が判断できるわけだ。これが感性ポテンシャルであり、ビジネスの明暗を分ける重要なところである。

ポテンシャルは可能性であって、絶対値ではない

たとえば、郊外に新しく大型モールをつくろうというときに、そこにどんなクラスターの人が来るのか徹底的に研究しなければならない。以前、軽井沢駅前のアウトレットモールに行ったとき、創作スイーツの店を見かけた。原宿では、ずらっと人が並んでいるのを目にするが、そこには誰も並んでいなかった。

これは、軽井沢の人たちに響かなかったということなのだろうか。もしかしたら、実際はそのアウトレットモールにいた人の多くは東京から来た観光客で、すでにみんな食べ飽きてしまっているのかもしれない。逆に、今も原宿の創作スイーツに並んでいるのは、地方の人ばかりなのかもしれない。そういったマーケティングの見極めが大切で、流行りものだからといって、必ずしもどこでもヒットするわけではないのがわかる。

送り手が「感性ポテンシャルA」を込めて発信する、受け手が「感性ポテンシャルB」を

感じ取る。このふたつのポテンシャルはイコールではない。たとえば、漫画家が「こんな気持ちを込めて漫画を描きました」というのはA。受け手がそれに対して感じ取る感性はB。Bは受け手によってさまざまで、ある人にはものすごく感動を与えるものでも、ある人にはまったく響かない。

先にも述べたとおり、そういったポテンシャルは可能性であって、絶対値ではないというのが重要である。つまり、送り手が込める感性は、影響力を与えるかもしれない潜在的な可能性であって、受け手の価値観や環境、性別、年齢など、あらゆる個別のファクターによって、ゼロになったり無限大になったりする。だから、感性を考えるのは重要なことなのだ。

よく「彼は感性が高い」といった使われ方をするが、それは受け手一人ひとりの主観的な見方であることが多い。茶の湯の作法の善し悪しは、茶の湯を知らない人にはわからないように、受け手の感性が低ければ、送り手の感性の高ささえも受け取れない。

次に、ドラマの主役に感動するときを考えてみよう。ドラマのシナリオは視聴者の感性を揺さぶるようにつくられている。驚いたり、腹が立ったり、主人公に共感させ、涙を流させるために、さまざまな手法を使うのだ。このとき、自分がどういうときに感動するのかを考えると、感性ポテンシャルがよくわかる。最大多数の人に同じ感性を味わってもらいたいと思うのがテレビであり、一人ひとりのクラスター分けした感性種別に比べると、マスメディアであるテレビ番組はもっと大きい共通の感情を抱かせるように設計されているのだ。マスに対して感性を発信しているので、特殊な感性の方向には行っていない。だから、感性を考えるとき、テレビドラマはとても参考になると思っている。でも、若者に受ける深夜番組は、年配者にはなにがおもしろいのかわからなかったりする。その時間帯は、年配者は寝ているだろうという発想で、きちんとプロファイルされ、感性もクラスター分けされているのだ。

意外性で感性をゆさぶる

ダムには水位差があり、その落差からエネルギーを取りだしている。ダムの落差が大きいと、その分取りだすエネルギーが大きくなる。もしも水が引いてしまって、水位の落差がなくなってしまったら、取りだせるエネルギーはゼロになる。これは感性についても同じことが考えられて、感性ポテンシャルが高い状態では、多くの感性を刺激し、潜在的可能性を引きだすことができる。逆に、感性ポテンシャルが低い状態では、見慣れた感覚に対して感動を覚えることもない。半ば麻痺した状態のため、そこから新たな事象は起こり得ないのである。

感性をゆさぶるには、あえて落差をつくることだ。「見たことがない」「信じられない」「とんでもない」「ヤバイ」「そうきたか」「なにもそこまで」「かわい過ぎる」……。こういう大きな落差を生みだす仕組みをテレビは常に考えている。リアクション芸人と呼ばれる人がいい例だ。

上から吊るされて落とされたり、冷たいところに投げ込まれたり、自分で体験するのはちょっと遠慮したいようなことも、彼らを通して疑似体験することができる。だからおもしろい。これは感性ポテンシャルを利用しているというわけだ。

第3章で述べたように、「やってみたい」「食べてみたい」「見てみたい」「触ってみたい」などの体験を誘うものは、感性の経験を身体が求めているということだろう。誰もが幼児期に体験したがる現象でもある。

人間は生きていくうえで、危険を察知する能力を身につけなければならない。触ってみたら熱かったとか、転んだら痛かったとか、子どものうちに実際に体験することで身体が覚えていく。大人になると、過去の経験からそれを回避しようとするから、滑りそうなところはそっと歩くし、危ないことは極力避けるようになる。幼児期に体験したがる現象をむやみに止めてしまうと、大人になってから大怪我をしたり、下手したら命を落としたりするようなこともあるかもしれない。子どもがやんちゃをするのは、感性経験をしてさまざまな感覚を学習しているのだ。

テレビの中で芸能人が食べ歩きしている様子を観ているだけで、なんとなく満足してしまうのはなぜか。テレビ番組は、視聴者が「やってみたい」「食べてみたい」という気持ちを肩代わりしているわけだ。子どものころのように感性の経験をしなくなった大人も、テレビで疑似体験することで、感性を揺さぶられたりしている。

「懐かしい」「落ち着く」という感覚も、派手ではないが、感性を揺さぶる落差のひとつだ。都会のワンルームマンションに住んで会社通いしていると、田舎の古ぼけたおばあちゃんの家も、落差ある落ち着く空間として感性を揺さぶることになる。

今、民家に宿泊体験する「民泊」もこのような落差を楽しめることから、人気が出ている。落差を提供することで成功したものはみんな、オリジナリティにあふれている。そういう意味では「良い裏切り」「ギャップ萌え」「周回遅れ」「ナンバーワン」「ビリ」、こういったものも相違を提供してくれる。誰もが物事を比較して、その間に相違を見つけ、その落差が自分にフィットするかどうかを無意識に判断しているのだ。

東京大学の中川聰特任教授は「期待学」を提唱していて、デザインの中核をなすものだといっている。これは、商業的なデザインのからくりを解き明かすのに非常に重要だ。あまり鳴り物入りにすると、期待が大きすぎたせいでがっかりしたり、期待していなかったために感動がより大きくなったりすることもある。あるいは、こうくるだろうと思って、その通りだったとしても、期待外れ。人間はわがままな生き物なのだ。人には意外さを感じられる「良い裏切り」が必要だといえる。ここを発信者がうまくコントロールすることが重要なのだ。ビリなどの状態にありながら、感性ポテンシャルの高い事例というのは、最も小さな力士として応援を集めた舞の海、ゆるいマスコットキャラクターのふなっしーの動きがとても俊敏でギャップ萌え。良い裏切りとして世間を笑わせた「まずーい、もう一杯」。汚いトラックの幌を再生してデザイン性の高いバッグにしたFREITAGなどである。

意外性というパラドクスを生みだして感性ポテンシャルを高めている事例を紹介しよう。

【パラドクス事例】

◆鳥取県のスターバックス

日本のすべての都道府県の中で、一番最後にスターバックスができたのが鳥取県だ。スターバックスが進出する前は、「鳥取にはスタバはないですけれども　日本一のスナバ（砂場）があります」という平井知事の名言が話題になり、「スタバ」をもじった「すなば珈琲」が大人気になるなど、「スターバックスのない県」として逆にアピールを重ねていた。さらに、日本一遅い出店ということで、かなりの話題にもなり、開店時には１０００人以上もの人が行列するというかつてない反響をよんだ。スターバックスの進出が最後から2番目だった島根県は、さほど話題にならなかったのに対し、「ビリ」というポテンシャルは、それだけでもおもしろいのだ。私は、ちなみにいずれのカフェも愛用している。

◆映画、漫画で悪役が予想外にいい奴だったとき

現実とはかけ離れたスーパーヒーロー・正義の味方のような存在ではなくて、心に傷があったり弱い部分をもっている悪役に「共感」するという人も多い。悩んだり立ち直ったりする様子を自分に置き換えて感情移入してしまうのだ。悪役でも人間味があると萌える例。

感性ポテンシャルが生まれやすい環境

人は常に体験し、感じ、そこから学び、向上しようとする。もともと人は、さまざまなリスクの中で生きていくために、多種多様な体験をストックするよう体にプログラムされているそうだ。だから、体験価値のある環境をつくって、「こんなことをしてみたいな」と思わせる企画が重要である。日常と変わらない体験だったら、わざわざ足を運ぶ意味はないのだ。

そして感性ポテンシャルは、その種類やテイスト、高さや質によって集客量や客層が変わるので、誰に向けて発信するのかにブレがあってはならない。

感性ポテンシャルの創造は、非人為的なものと人為的なもののふたつに分けられる。非人為的というのは、自然の織り成す美しさや畏怖《いふ》の体験。人為的なものというのは、人が生みだす営みの中で織り成す感情体験のことを指す。たとえば、人の営みのテレビドラマには、信じられない苦労や、挫折からの復活、成功秘話、自分の最愛の人を失う話などがあり、ドラマを観ている人は主人公になりきって、ボロボロ涙を流してしてしまう。それはドラマの発信者の感性に対して、受信者が共感しているわけだ。

また、「非日常感」というのも感性ポテンシャルが生まれやすいキーワードだ。たとえばノスタルジー。古民家を再生した宿で、時がつくってきた大きさに抱かれて、心を落ち着かせる体験をする。逆に先進的な事例でいえば、ｉｐｓ細胞についての講演会などもよく人が集まるそうだ。

10年後、20年後の扉が少し開いている所に、その垣間を見たい人々が寄って来る。ほかにも、日常的ではない、普段とはちょっと違う体験が感性ポテンシャルを生みだしていく。たとえば、神話・エピソード・伝説・逃避・出会い・コミュニケーション・アート・文化・スポーツ観戦・ライブ。会社の後の飲み会やエステに行くのも実は非日常を求めているのだ。

そして、可能性を示唆するもの。教育・文化・技術・サイエンス・ライフスタイル・変身・再生・CCRC（Continuing Care Retirement Community）といった自分を変えることができる体験にも、感性ポテンシャルが生まれる。もしかしたら今の自分は仮の姿であって、本当の自分はもっと上を目指せる可能性があるかもしれないという感性だ。

たとえば、自分の好きな洋服屋さんのバーゲンに行くのもそうだ。この洋服を着たらどんな自分になれるのだろうと想像し、試着してみる。今よりも良い自分になるという変身体験だ。

こんなことでも、ライフスタイルの感性ポテンシャルは上がる。また、アメリカで広がったCCRCの定年退職者の居住コミュニティなどは、まさに多様な感性ポテンシャルの生まれる場だ。退職後の第二の人生を楽しむために、地方に移り住む定年退職者たち。リタイアした世代といっても、まだまだ元気な60代は感性も豊かだ。サックスを買って音楽教室に通いだしたり、釣りをはじめたり、そういう人たちが新たな自分づくりをする。高知県のある地域ではCCRCをねらい、畑つきの住宅が、即完売している。また、徳島県神山町では、その町に来てほしいお店などを指定し、設備まで用意して招き入れる業種指定型の移住公募を行い成功している。

私がプロデュースに絡んでいる地方創生の事例を紹介しよう。今、生物多様性の里山で注目される鳥取県南部町では、「なんぶ里山デザイン大学」を町役場と町民たちの手で立ち上げ、町民の講師による町民への生涯学習をはじめている。山菜を摘み、料理までする講座、薬草を見分け使い方を覚える講座、草木染体験、薪割り講座、自分たちの住む町の景観を考える講座など、いずれもコンテンツは通常の都会の大学では学べない里山ならではの講座ばかりだ。ふるさと納税の返礼品に魅力あるデザインを企画し、高齢者や障がい者たちが講座でそのつくり方を学び雇用につなげる講座もある。これらは町民へ向けての発信だけでなく、町外からの移住定住を目指した発信で、古民家再生によるCCRCの運営も視野に入れている。農業をまったくやっていなかった人たちに、一から農業体験させるような試みなど、こういう感性ポテンシャルのつくり方もあるのだ。

ダブルメジャーが生みだす「感性ポテンシャル」

ここにX、Y、Zの3軸がある（図表22）。このZ軸は、上にいくほど未来、下にいくほど過去で、X、Y平面軸は自分を中心に社会の広がりを見せている面だ。したがって、3軸

図表22　時間価値×地域文化価値が創る感性ポテンシャルの芽

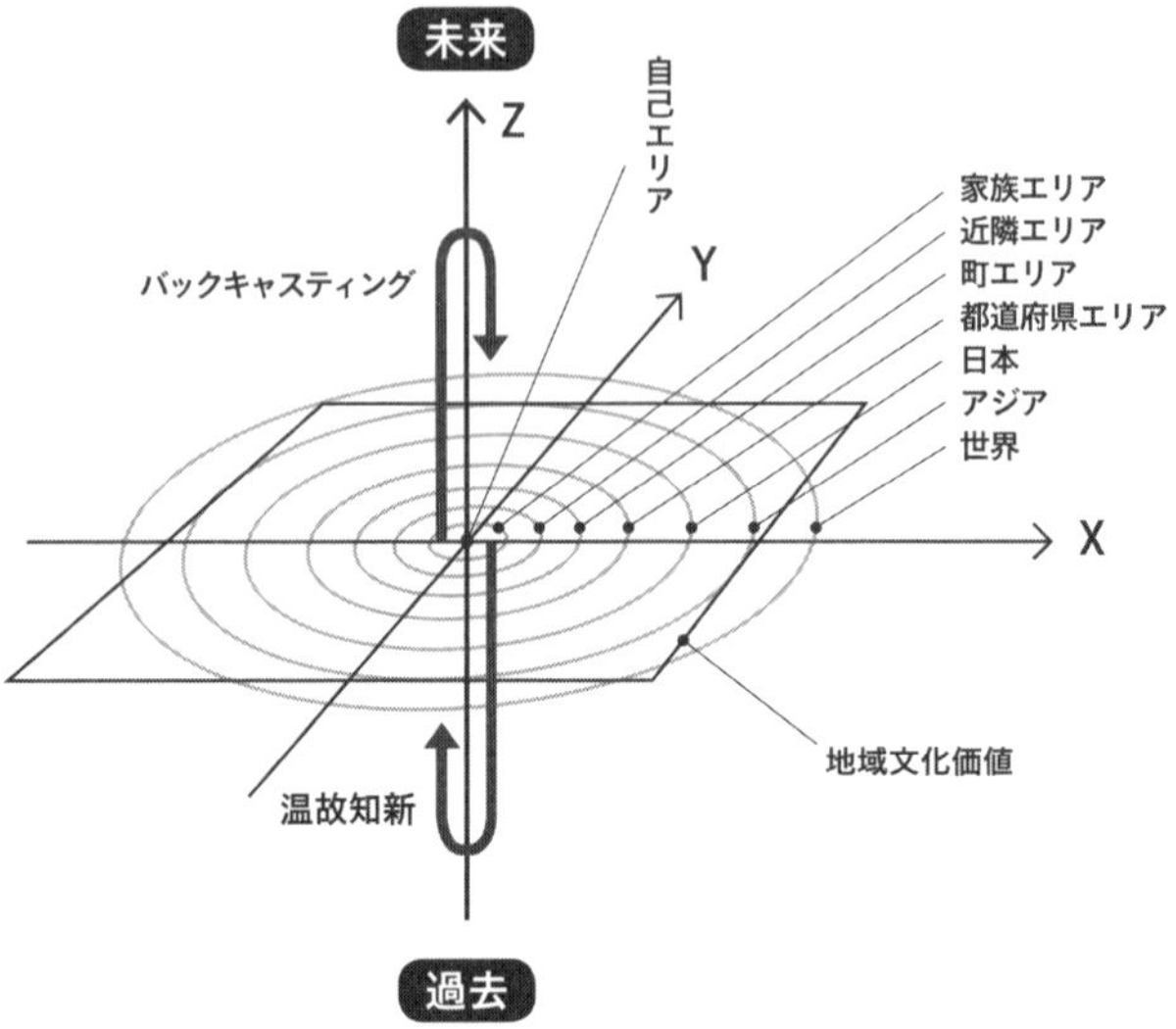

の中心は今の自己である。自己のすぐ周りを家族が、その周りを近隣が、その周りを町が、その周りを都道府県が取り巻く。こうして、サークルは大きくなり、日本、アジア、世界へと広がっているのだ。この立体には、今から自分が育てていく感性ポテンシャルの芽が詰まっていると考えていいだろう。自分の地域の小学生時代の同級生たちとはじめる小学校ホテル。自分の得意な絵の技量を生かして、タイの彫金師につくらせるブランド。自分が医療関係者なら安全食材だけのコンビニを全国展開してはどうか。自分がゲームクリエ

ーターなら県と認知症対策の高齢者用ゲームを創る……とさまざまな埋もれた芽がそこにある。感性ポテンシャルとは、ゼロにでも100にでもなる可能性なのだ。

地球上にあるさまざまな国や地域同士の交流を生む地域文化価値が平面的に広がっている面とすれば、「温故知新」「バックキャスティング」は縦に広がっている。「温故知新」とは、昔あった習慣や風習を現代に生かすこと。「バックキャスティング」とは、20年、30年先の未来のデファクトスタンダードを想定したうえで、目先のことをイメージし、どう動けばいいのか考えることである。

今の事情を汲んだうえで、未来を予測してビジネスを組み立てる。この過去や未来の三次元的な時空の中で、ダブルメジャーが感性ポテンシャルを生みだすのだ。ふたつの因子の落差が大きいほど、感性ポテンシャルは大きくなる。

今、伝統工芸士の後継者がいなくて、存続すらむずかしくなっているところも多いが、その途絶えそうな技術にデザイナーを絡めると、これまでとまったく違うものができあがる。技術にデザインを加えることで感性ポテンシャルは上がり、別のところにニーズが生まれる。これも違うもの同士を組み合わせるダブルメジャーといえる。

自分を中心に広がる地域文化価値に目を向け、異文化を吸収して、それを洗練させるのが日本人の特徴だ。日本ナイズされたカレーもしかり、イタリアで伸びたスパゲティを食べるたびに、日本のアルデンテなスパゲティのほうがおいしいのではないかと思う。日本は違うものと違うものを組み合わせて洗練させる力をもっている。感性ポテンシャルというのは化学反応のようなもので、違うものを合わせると反応が起きて落差を生む。その落差が大きいほどポテンシャルも大きくなるのだ。

地域に根ざす作法や習慣を残しながら、時代にあったソリューションへ変えていくことはできる。たとえば今、マイ箸を持っている人は多いと思うが、実はこの習慣は江戸時代にもあった。習慣や作法を、時流に合った使い方に変えていくことによって、低くなってしまった感性価値を、もう一回もち上げることができるのだ。これらは、時間価値×場の価値の掛け算によって得られる感性ポテンシャルだが、さらに価値軸の幅を広げることにより、次のように新ビジネスを生み出すことが可能になっていく。

ダイバーシティ思考が問題解決力を発揮する

ごく日常的になっていて、低い感性ポテンシャルの状況を覆す方法が、このダイバーシティ思考の「掛け合わせ」だ。感性ポテンシャルが受信できそうなクラスターにねらいを定め、そのユーザーの問題解決になる新しいサービスやビジネスを人的価値、物的価値、情報価値、時間価値、場の価値の掛け算で生みだしていくのだ。次に、話題になっているいくつかの事例を紹介しよう。

◆洋服オンラインレンタル×スタイリスト＝オンラインファッションレンタルサービス［エアークローゼット］

子育てや勤務で時間がつくれず、新しい服との出会いや幅広い着こなしを楽しみたいけど時間もお金も足りないという女性たちの悩みを、解決するビジネスモデル。プロのスタイリストが一人ひとりのユーザー情報をもとに選定した洋服を、ユーザーの自宅へ届けることによって解決している。レンタル料、往復の送料、クリーニング料すべて込みの月額制借り放題サービスのため、ユーザーは安心してレンタル洋服を何度でも交換することができ、繰り返し、たくさんの新しい服との出会いを体験することができる。

◆鮮魚×ＩＴ＝八面六臂株式会社による水産業界の流通革命

3兆円規模の市場にも関わらず、ＩＴ化がほとんど進んでいなかった水産業界。「海が時化ていたら漁に出られない」など、流通事情は仕入れ都合が先行していた。旧態依然の業界に、「鮮魚×ＩＴ」で革命を起こし、消費者ニーズを叶える市場へと事業展開を図っている。飲食店に対して発注用のアプリが入ったｉＰａｄを無償で貸与することで、ダイレクトな流通形態をつくり上げている。

◆機能性マットレス×アスリート＝西川のマットレス「エアー」

女性市場だった寝具売り場に、男性やアスリートというまったく今までと異なるターゲットを設定。ランニングシューズのように機能性をうたう部分をショッキングピンクなどのカラフルなデザインにした。２０１２年のロンドンオリンピックの帰国選手がエアーポータブルをもち帰ったところがＴＶに映り、ネットで火がついたようだ。２００９年から２０１１年は３年間の累計で４万本しか売れていなかったものが、２０１４年には80億円に到達している。

◆着物の古着屋×温泉旅館＝着つけ付きレンタル着物温泉旅館

京都のある温泉旅館では、宿泊者に格安で着物の着つけをしてくれる。早めにチェックインすれば、夕方の食事までの時間、美しい着物を着ながら優雅に温泉場を散策できるのだ。旅館も潤い地域も華やかになるすばらしい地域創生だ。単なる着物のレンタル屋だと、借りるためにわざわざ足を運んで、また返しに行かなくてはならず、お金も時間もかかって面倒だ。それが旅館とセットになったことで、着付けて、遊んで、そのまま泊って帰れる。旅館の従業員は毎日自分で着物を着ているので、着付けの技術はお手のもの。そこからこのビジネスを思いついたのだという。

◆時間特性×生涯学習＝丸の内朝大学

出勤前の時間を使って興味のある講座を受けることができる「丸の内朝大学」。丸の内にあるカフェなどで、朝の7時15分ごろから各講座が開かれている。朝、ちょっと早起きをすれば得をするのだ。それも、会計業務のための勉強など資格取得や教養ものばかりではなくて、タップダンスだとか天体観測だとか、大人の「遊び」ばかりなのが特徴的だ。朝から好きな活動をすることで、自分自身のポテンシャルがぐっとあがるところに人気が集まっている。

2　視点の見直しが感性ポテンシャルを高める

智慧が教える利他の視点

私は「智慧」という言葉が好きだ。「知恵」と同義語かと誤解されやすいが、実はまったく異なる。人の立場から考えるのが「知恵」で、知識、教養、学問などを好学して理解していくこと。かたや「智慧」は、仏から施される教えによって、愚かさや煩悩のはかなさ、罪業深さに気づきを得ることである。知恵を得ればその自信から頭が高くなるが、智慧を得れば己の愚かさに頭が下がるというのだ。

知恵をつけていくことが悪いのではない。知恵をもって、智慧の悟りにしたがうのだ。それで初めて「智慧」の漢字は、自分のためより、人のために広く貢献する意味をもつ。相手の気持ち、もっと広く考えれば、自分を取り巻く周囲のこと、もっと広く考えれば、地球環境や宇宙へとその視野を広げたときに、必要とされる力が共感を生む。この共感が創り上げる感性ポテンシャルは、あくまでも可能性のことなので、その可能性をどれだけ多くの人に与えられるかというところに「智慧」の力が必要になってくる。

公益財団法人日本デザイン振興会にグッドデザイン賞という事業がある。かつての日本にもあった模倣時代の最中、日本の産業育成振興のために始まった事業であるが、自発的な開発を促す啓蒙効果もあって、多くの商品がオリジナリティの高いデザインを生みだしてきた。そして、最近では、さらにデザイン賞に求める意義が深いものに変革しつつある。色やカタチ、グラフィック、ユーザビリティなどの評価は、賞としては当然求められる内容だが、加えて社会的意義や問題解決型の試みがなされているかを問うものへと進化している。通常のカテゴリー別の審査ユニットに加えて、「フォーカスイシュー」というタスクフォースを横断的に加えて、多面的に審査している。

これは、なにを意味するのだろうか。産業育成というひとつのステージが終わり、商品に対する信頼もある一定のレベルに達したとき、私たちはそこに「智慧」が感じられるかどうかを確かめる時代に入ったことを意味している。実際に毎年東京で開催される受賞展では、「モノ」や「コト」といった範疇《はんちゅう》を超え、さまざまな社会課題解決の取り組みが見られる。

自社の売り上げを伸ばし、利益を得ることだけが目的のデザインには、共感力が乏しくなるため、企業はCSRの推進などの活動を通じて、社会貢献を前提になにをすべきかを考える時代になったともいえよう。

色・カタチだけではない時間の視点――「行為のデザイン」

感性ポテンシャルを高めるもうひとつの視点に、私が提唱している「行為のデザイン」がある。「行為のデザイン」とは、人の行動に着目し、改善点を見つけてより良く、美しくしていこうとする手法で、ユーザーが滑らかに目的の行為を進められるデザインを「良いデザイン」とする考え方だ。

私はプロダクトデザイナーだが、モノだけではなく、モノを取り巻く環境や関わる人の行動に注目している。なぜなら、利用行動が自然であるほどモノが場になじみ、長く存在できると考えているからだ。これが「行為のデザイン」の基点である。

「行為のデザイン」という思考法が身につけば、自分を取り巻く人やモノ、情報が今までと違って見えてくる。なぜなら、人のすべての行為には理由があり、その相関関係を見抜くことを慣習化することにより、自ら気づきを得るようになるからだ。

たとえば、「美しい徳利のデザイン」ではなく「美しい注ぎ方をデザインする」という発想の転換ができるようになれば、さまざまなシーンで新しい見方を提供し、日常がまったく違って見えてくる。モノだけを注視するのではなく、モノや自分や環境すべてのインタラクション（作用と影響）を俯瞰できるのだ。

モノを使う行為には時間が絡んでくる。ということは時間軸のうえで、モノと人間のインタラクションを考えなければならない。時間が止まっている状態での判断は、正しいとはいえない。人のスムーズな動きや行為、たとえば、車に人を乗せるとき、ワインの注ぎ方、靴紐の結び方、財布から小銭をだす動き。こういう仕草を、１００人に同じようにさせてみると、人それぞれのやり方が見事に違う。なのに、プロダクトデザインは同じカタチで使い方も多様性を欠いているものが多い。特に初めての経験をともなう行為を美しく振る舞うのはむずかしい。

ここでは、行為が美しい人と、もたつく人がいる。そしてその差は、モノに対する知識や経験や予測の能力に裏づけされていている。さらに不思議なものだが、こういった動作が美しい人は、第三者の目を意識していて、感性が高い場合が多い。逆に、見られることを意識していない人ほど行為にそつがあるようだ。

慣れた行為についてはどうだろうか。人がなにげない美しい仕草をしているとき、使っているもののことは意識に上っていないだろう。たとえば、大工さんがカンナで研いでいる姿はとても美しい。そのときに、大工さんの手とカンナは一体化している。彫刻家が仏像を彫っているときに、ノミは自分の手の延長になっている。スキーヤーが板を自分の足と同じように動かしている。モノというのは、意識に上らないときに一番活躍しているのだ。ものが意識に上るのは、なにか使いにくい部分があるとか不具合があるとき。行為のデザインがスムーズにいくとき、モノの存在は意識の中に入ってこないのである。

だから私は、単体のモノの形だけを見て、「美しい」とはあまり言わないようにしている。デザイン賞の審査をしていても、置かれている状態での判断はできるだけしないようにしていて、それを使ったときにどんなことが起こるか、使っている人の行為は美しいのかなどを考えている。

さらに突き詰めれば、モノというのは進化すればするほど存在を消していくのだと思う。クーラーは、本当はなくてもいい。なにもないけど部屋全体が気持ちの良い状態になればそれでいい。実は、感覚を邪魔しない感性というのもある。モノは人間の行為をスムーズにする道具であって、モノが主張するのではない。だから、見た目はまったく普通の椅子なのに、実はマッサージの機能もあるというのは嬉しい。機能だけ提供してくれたら、存在は主張しなくていいのだ。たとえば、テレビはもしかしたら白い壁でいいかもしれない。スイッチを押すと真っ白な壁がフッとテレビになる。テレビの存在を主張する必要はないのだ。これはプロダクトデザイナーが自らの仕事をなくそうとする自虐的な遊びのようでもある。しかし、それとは真逆にこの感性ポテンシャルは、最大限に高くなっていく。

感性のコントロール――アフォーダンスデザインという視点

ある特定環境下に置かれた人間や動物は、その環境にどうにかして適応しようとする。たとえば、厳しい冬の自然の中では、豪雪の中でどう生き延びるか考えるだろう。穴を掘って暮らしたり、食べ物を運んで蓄えようとしたりする。要は、人間も動物も単体では存在し得ず、必ず環境とのインタラクションで生体の条件が決まってくる。つまり、自分の意思でそうしているのではなく、自分をとりまく環境がそうさせているのだ。これはギブソンの「アフォーダンス」の考え方だ。

ところが、それに対してノーマンは違う意味で解釈して「アフォーダンス」という言葉を使った。たとえば、すこし窪んだ部分があると人間は必ずそこをもつというような、いわゆる行為を導く状態のことである。

人間は意思をもってくるみを砕こうとするように見える。しかしそれは人を取り巻く環境がそうさせるわけなのだが、その辺をノーマンが誤解して、「アフォーダンス」を説明したのだ。結局、ノーマンが「アフォーダンスデザイン」という言葉を流行らせたため、意味あいが変化して使われるようになった。

実は、私はどちらも納得できる部分があり、どちらも肯定している。私たちを取り巻く環境を抜きにして人間や動物の単体の行為を語ることはできないし、感性体験に基づいたカタチが人の行為を導いていることも日常よく見かけることだ。ふわふわしていれば触りたくなるし、穴があれば覗きたくなる。

特に、ある特定の環境下では、自然に行為が誘導されてしまうようになる。たとえば、川に飛び石があると、そこを踏んで行かなければと思うだろう。それは環境が人間をそうさせている。飛び石があるのに、無視してバシャバシャと水に入っていく人はまずいない。つまり、その飛び石は、「この上を順番に飛んで行くことによって、向こう岸にたどり着けますよ」ということをアフォードしている。

大きな商業施設をつくるとき、駐車場で車から降りた人を、まず右に行かせるか、左に行かせるか考える。右の道は帰ってくる人に使ってほしいから、これから出かける人にはちょっと遠回りだけど左に回ってもらいたい。そのためには、意図的に左に行ってみたくなるよ

図表23　ノーマンとギブソンの「アフォーダンスデザイン」

ジェームズ・J・ギブソン
James Jerome Gibson

知覚心理学者ジェームズ・J・ギブソンの唱えたアフォーダンスデザイン

環境の意味や価値は私たちが主体的に決めるのではなく、環境からの刺激によってそう捉えさせられている。

↓

モノや人を環境の中でのインタラクションで判断する場合に使われる言葉

ドナルド・ノーマン
Donald Arthur Norman

認知心理学者ドナルド・ノーマンの唱えたアフォーダンスデザイン

アフォーダンスとは、「モノがどのように使えるかを決める根本的な性質」であり、「行動を誘導する」ものである。

↓

モノが行為を誘導するという部分的な状況を説明する場合に使われる言葉

うな遊歩道を造るのが簡単だ。車なら、一方通行などのサイン通り行くが、人間はサイン通りにはいかない。だからこそ、誘導したい方向にちょっと魅力的なものをつくる。すると自然に人々の向かう方向が決まり、スムーズに流れていく。このようにして、感性ポテンシャルを利用して人の流れをアフォードすることも可能になる。この感性ポテンシャルをうまく使っていったら、世代別に進むべき道の振り分けだってできるかもしれない。

　プロファイルや嗜好性によって、人の流れを組み立てることができる。商業施設だけでなく、駅や空港、観光地などへの応用が可能だろう。感性をコントロールすれば、べたべたと後付けのサインを壁に貼らずにすむかもしれないのだ。

【ノーマンのアフォーダンスの事例】

ノーマンの解釈では、「限定された行動を誘導するもの」という意味。一般的にデザインの世界で使われているのは、ノーマンのアフォーダンスだ。

□ハンコ

ハンコには、「こちらが上」という意味の印が打たれたものが多い。印があるとわかりやすく大変便利なように思うが、本来ハンコというものは上を示す印を打たないのが正しい形なのだという。それはなぜか。印がなければ、ハンコをひっくり返して上下を確かめないといけない。その行為そのものが重要なのだ。ハンコを押すのは自分の意志を決めるということ。ハンコを確認するというわずかな時間が、自分の意志を固める時間になる。昔から、人間の行為を一旦留まらせるようにハンコが誘導しているのだ。

□メロディーロード

メロディーロードとは、道路にいくつかの溝が切り込まれていて、そのうえを一定の速度で走ることで走行音がメロディのように聞こえる道のこと。メロディを聴こうとする運転手が設定された通りの速度で走ることで、スピードの出し過ぎを抑えたり、眠気を防止する効果がある。また、知床半島では知床旅情の曲が流れるように、地域にゆかりのある曲を採用することで観光資源にもなりえるアイデアだ。道路の溝によって人間の行為が誘導されている例である。

【ギブソンのアフォーダンス事例】

環境によって人や動物の行動が促進されたり制限されたりすること。人間がつくったモノやサービスについてではなく、生態系的な視点が論じられている。

□北風と太陽

日差しが強くて暑いから、上着を脱いでサングラスをかける。風が強くて寒いからコートやマフラーを着込む。一見自分の意思で動いているように見えるが、環境によって自然とそのような行動を取らされている例だ。

すべての動物がギブソンのアフォーダンスにしたがって生きている。水辺で生きる鳥は、水をはじく羽をもっているから生きていられる。環境が行動を生み、その羽をつくってきたのだ。あるいは、環境に適応して生態系を保っているのだともいえる。

□けもの

山の中に入ると、誰も歩いたことのないところは草木が覆い茂っている。動物や誰かが歩いたところは草木が踏みしめられている。先に進むために、道ができているようなところをあえて進んでいくために、道は自然とつくられていくのだ。

感性伝達に重要な視点――ミニマリズム

ある地域で感性ポテンシャルの高い集客装置をつくったとしても、それを宣伝しなければ誰も来てくれない。それで、発信の手段を講じるとき、文字、音声、絵、写真、動画などのコンテンツに対してどういった情報ツールを使うのが目的に合っているかを精査するべきだ。

情報ツールとは、WEB、SNSなどのネット媒体、TVやラジオのような電波媒体、書籍や新聞、雑誌のような紙面媒体、DMのような郵便媒体、イベントや展示会もある。また最も原始的な「口コミ」もある。それらをうまく複合化して利用する際に、趣旨を整理してコピーライトし、マークやロゴをつくることで、人から人へと感性伝達しやすいアイコンに置き換えることが大切だ。感性ポテンシャルをわかりやすく可視化していく作業、それが、いわゆる情報デザインなのである。

これを行うことで、人々の期待値はぐっと上がる。まだ体験していないことでも、パンフレットを見ただけで、「もしかしたらこれはすごくおもしろいかも」という、小さなプレ体験を味わうことができる。それが期待値に変わるというわけだ。

このとき、複雑な情報を削ってミニマム化し、アイコン化して伝えることができるといい。よくあるパンフレットには、膨大な量の情報が書いてあるが、それを全部伝えてしまうと、ボリュームが多すぎて肝心なことが伝わらない。一番肝心なところはなになのか、代表的な写真を使っていい切り型で伝えなければいけない。

そこで、このたくさんの中からなにを削るのかという編集作業が必要になる。伝えたいことはたくさんあるのだが、実態を実態として伝えるのではなくて、それをきゅっとミニマム化してしまうのだ。たとえば、「本当に言いたいことは、これとこれ。だからこれはちょっと大きな扱いに逆にこれは切ってしまおう」というような作業は広告宣伝につきもので「正しい引き算」といえる。

実際に、私の大学の学生たちに協力してもらい、情報の伝わりやすさの実験を行った（図表24）。あれもこれもと情報を詰め込んだものと伝えたい情報がシンプルなもの5点を織り交ぜた。いずれも、市販されている歯ブラシの商品パッケージだ。

図表24　伝わりやすさの実験

商品分類	A	B	C	D	E
商品パッケージ 今回の実験では前面・側面（背面を除く）に対しての印象の残り方を調査			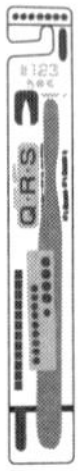		
印象に残る外観特徴	特になし	「白馬毛」の文字	特になし	特になし	交換可能なブラシ
情報量	少ない	少ない	多い	多い	少ない
	・商品名 ・毛の硬さ ・キャッチコピー ・サブコピー ・シルエット	・商品名 ・毛の硬さ ・毛の種類 ・キャッチコピー ・ロゴイラスト ・シルエット	・商品名 ・商品ロゴ ・毛の硬さ ・毛の種類 ・キャッチコピー ・サブコピー1 ・サブコピー2 ・毛先イラスト	・商品名 ・商品ロゴ ・毛の硬さ ・キャッチコピー ・商品説明文 ・使用対象（大人） ・歯のイラスト ・歯ブラシイラスト	・商品名 ・毛の硬さ ・キャッチコピー ・生産国 ・特徴
前面の使用言語	英語・日本語	英語・日本語	日本語主体	英語のみ	日本語主体
印象に残った どちらでもない 印象に残らなかった	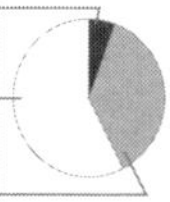	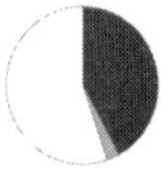		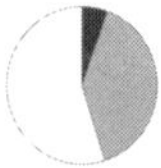	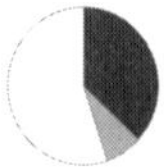
結論	× 目を引くもの、情報量、いずれも少なく、印象に残らなかった	○ 目を引くキャッチコピーによって印象に残った	△ ブランド認知力によって、印象が多少残った	× 目を引くものがないうえに英文のみの情報が多く、最も記憶に残らなかった	○ 他にない機能が伝わるパッケージで印象に残った

■伝わりやすさの実験（ミニマル情報VS複雑な情報）（被験者38人）

①5本の歯ブラシパッケージを用意する。A～Eの歯ブラシにはいろんな特徴と情報が詰め込まれている。

②その5本の歯ブラシのパッケージを1分間で眺めてもらう。

③その後、どんな歯ブラシがあったか、覚えている情報を書きだす。

④集計すると、特徴が一目でわかるか、特徴をシンプルに表しているBとEについての印象が強く、情報量が多かったり英語表記の羅列だったりするAとDについては覚えている人がほとんどいなかった。

結果は予想通り、情報量が多く、しかもその情報の優先順位が同列に見えるものは覚えにくかったようだ。英語表記ばかりのものも日本人には覚えにくい要素となっている。逆に、先端の植毛部分が脱着できる新機構など、本体自体に関心を示すようなものは、記憶されやすい。大きく白馬毛と書かれた歯ブラシにも一定のインパクトがあり、記憶に残りやすいようである。

ライバル商品が乱立する店頭では、ひとつの商品を見つめる時間は1秒もないだろう。それでも、見た目の直接感性に訴え、近づき、パッケージに書かれたわかりやすい背景感性に共感し、購入検討に入る流れがあるのだ。そして、その際にいずれも情報が整理され、ペルソナに共感を与えるように編集されているかどうかが重要なのだ。もし、印象が深ければ、記憶に上り、人に伝えたくなる。そのときに、覚えやすいアイコンやネーミングが役に立ち、一気に拡散するのだ。

デザインは「編集」作業

行政主体の地域の観光案内パンフレットは、あれもこれも全部入れようとする。入っていないものがあると、「同じ税金を払っているのになんで俺の店は載っていないんだ」などと揉めることになるからだ。

だから、これもあれもと全部入れていって、結局あまり意味が伝わらないものになってしまいがちだ。そこで、今、私がよく提案しているのが、目的別マップの作成である。たとえば目的別に、名物グルメのマップ、歴史遺産のマップなど数種類に分かれていて、余分なことを一切載せない。また同時に、3種類くらいのペルソナに分類した観光客を想定し、それぞれの感性に応じた周遊マップを考える。「この野外アートを観た後は、疲れた足をすぐ先の足湯で癒して、その後、向かいの道の駅で名物料理が堪能できます」といったように、今度はそれを横串で刺したマップを編集する。

デザインとは、つまり編集することに等しい。編集せずに、なにもかも載せようとするとわけのわからないものになってしまう。編集という過程を経たこの人のためのマップ、あの人のためのマップというのができると、それぞれの感性ポテンシャルにピタッとあうものになり、共感を呼び、満足度が上がる。

3　地域創生に不可欠な感性ポテンシャル

外から見ないとわからない地域の魅力

最近、地域創生協議会などの試みをはじめている自治体が増えている。地域の内輪で集まり、ああでもないこうでもないと会議する様子を外から見ていると、首をかしげたくなるようなことも多い。

たとえば、田舎の服屋が古ぼけたマネキンに服を着せて飾ってあったとする。彼らも、それはおしゃれではないとわかっているので、新しいマネキンに取り替えるべきだという。しかし店舗の外観はそのままで、服もとにかくセンスが悪い。マネキンだけ新しくしたところでどうなるというのか。

外装もライティングも接客方法も考え直すべきではないのか。どこか一カ所でも残念なところがあると、それはもうゼロに近しい。

他人の感性への評価はとても厳しく、ちょっとでも首を傾げるようなことがあればその店で購入することはないだろう。だから内輪の人間だけでやる会議は危険だ。

特に地域創生というのは、その地域に人を呼び込むためにやっているわけで、来てほしい人の感性がないとだめである。往々にして、都市圏に住んでいる人でないとわからない感性を地元の人たちだけで論じても意味がない。来てほしい人たちをプロデューサーとして巻き込んだ地域創生プラットフォームのコミュニティが必要なのだ。

希少性がポテンシャルを高める

マクドナルド、すき家、西松屋。誰もが知っているフランチャイズ店が国道沿いにズラッと並ぶのは、よくある地方都市の風景だろう。車を走らせれば、食べたいものはなんでも揃っている。非常に便利だが、その町らしさは残念ながらどこにもない。

地方都市のロードサイドがフランチャイズストリートと化し、その地方の文化資産を伝えるような景観はほとんどなくなってしまっている。これは感性ポテンシャルが極めて低い状態だといわざるを得ない。たくさんのフランチャイズが乱立していて、それは便利でいいじゃないかという人もいるだろう。しかしそれでは、その地域目当てにわざわざ遠くから出向く必要もなくなり、地域特有のポテンシャルはゼロに等しくなる。

話題のフランチャイズが出店すれば、一時的には賑わうこともあるだろう。だがそれもすぐに同じ程度の混み具合に落ち着いていく。

えてして灯台下暗しで、自分の足元にある一番大事なものが見えていない状態かもしれない。満点の星空も、道端に生えている薬草も、土地が安いことも、雇用できる人材が多いこともすべてを見逃しているのだ。逆に、地域の文化、風習、もともとあった味など、そういうものをセンス良く生かしたお店があれば、わざわざその町まで行ってみたいと思う。

フランチャイズ経営であっても、ご当地仕様の商品を開発するなど、そこにしかない希少性を付加することで感性ポテンシャルを高めることはできる。

大分県はシイタケやカボスが有名で、そこでしか食べられないシイタケバーガーが人気だ。鳥取県の大山では毎年バーガーフェスタをやっていて、ご当地ものをはじめ、日本各地のバーガーショップが30店以上出店し、多くの人々がバーガーを食べにやってくる。地域に根ざしたサービスや生産者の顔が見えるようにすることで、ご当地感が強調され、安心も買うことができる。フランチャイズの仕組みはそのままだとしても、そこにしかないオンリーワンを創り、感性ポテンシャルをどう高めるかを考えていくことはできるはずだ。

行政の施策にこそデザインソリューションが必要

地域創生のプロデュースを請け負っていて残念に思うことがある。国が推進する地域創生計画のフォーマットに沿ってプランを書いていくと、そこに「デザイン」がないことにがっかりするのだ。「これは何百人集客できるイベントになりそうだ」といった単品のアイデアをずらっと並べ、それを議会に通過させて「はい、おしまい」では、本当の意味での活性化にはつながらない。

「イベント」ではなく、次に訪れても同じ体験ができるような仕組みをつくらなければ、税金の浪費にしかならない。一過性ではなく、恒久的なプランを実現するためには、順序として雇用や交通手段などの包括的な計画を組み立てて、すべてを連鎖させないといけない。それを編集していくのがデザイン作業であり、そういう作業内容（プロジェクトマネージメント）を書き込むようなフォーマットになっていないのが非常に問題だと思う。

そもそも勘定科目に「デザイン」という項目はなく、デザインの作業は、経費、人件費扱いになってしまう。その理由の一つとして、行政にデザインセクションがないことがあげられる。各行政部署にデザインセクションをつくっていけば、感性分析を戦略的に行うことができ、デザインに対する意識も変わり、地域のポテンシャルも効果的に上がるだろう。

たとえば、都市景観条例にしたがえば、極端な話、地域の景観に合わせてコンビニの外観まで各自治体で決められるのだが、これは京都をはじめ、観光に力を入れている一部の都市しかやっていない。行政のやることというと、地元の食材を集めて、のぼりを立てて、ゆるキャラを呼んで、ありきたりなイベントを打ち立てるくらいだ。それで何の効果があるのだろう？　たまたまそれがおもしろかったとしても、イベントには恒久性がなく、次にいつ開催されるのかもわからない。

大事なのは、地域に恒久的に行われる仕組みをつくることだ。水車でいうと、行政の仕事は、初めの一回転。最初の一押しを行政がやって、後は民間が主導して回転する水車を保っていく作業をする。

初めの一回転以降も行政が関わってしまうと、堅苦しいものになって活性化しない。大事なことは、行政は呼び水のように負荷の高い初動に投資を行い、のちに民間だけで回り続ける仕組みを地域に創るべきなのであろう。

恒久的に地域でお金を回す

　それから必要なのは、「点」「線」「面」の地域づくりだ。点というのは観光拠点、名所旧跡、伝記などに基づく史跡名所、伝統工芸やおいしいお店。そういったものは全部「点」と考える。「点」がたくさん存在することは、地域の感性ポテンシャルを高めるが、それだけではいけない。「点」までの交通手段がなにもなければ、いい「点」があっても人を呼び込むことはできないのだ。「点」と「点」を結ぶ動線づくりというのは地域創生にものすごく重要だ。

　もし、感性ポテンシャルを地域で高めたいとすれば、「点」と「点」を結ぶ「線」、公共交通機関が必須になってくる。そして、「線」をつないで「面」をつくっていくことはすなわち、その地域のキャッシュフローの恒久性を意味している。

　短期間のイベントなどではなくて、恒久的にずっと展開し続けるものをつくる。６００件を超える全国の地域通貨もしかり。先にも述べたとおり、地域外にお金が流出するのではなく、地域内でお金が回ること。そのために、地域内で雇用を促進し、その賃金が地域内で回ることが望ましい。このように、地域内に経済的な内部留保ができる状態を私は「面」と呼んでいる。

今、私が考えているのは、身体のメンテナンスのために一週間だけ田舎に寝泊まりする仕組みだ。人間ドックをやりながら、食事療法やジムでのトレーニングもやる。おいしい空気を吸っておいしいものを食べて、ゆったりと温泉に浸かる。一週間して戻ってくると、顔つきもスッキリ変わっていることだろう。1泊して帰ってくると逆に疲れだけが残ってしまう週末リゾートよりも数段魅力的だ。時間をかけて根本的にストレスを取り払う贅沢な体験。そういう取り組みは、都会ではできない田舎ならではの良さではないだろうか。こんな場をつくっていくことができれば、田舎のポテンシャルはぐっと上がっていく。

そして、地域創生で大切なことは、プロジェクトの手順である。いいアイデアがあっても、手順が逆になればまったく施策が意味をなさないのだ。たとえば、地域活性によって雇用を生みだし、そこに住まう人々が働ける環境をつくっていこうというときに、典型的な行政だと、「ではまず、人材雇用センターをつくりましょう」という方向に向かうことがある。センターをつくったところで、そこで紹介できる仕事もまだないのだから、それは順番が違うだろう。その前にすべきなのは、地域の感性ポテンシャルを上げ、外部から人を呼び込む仕組みをつくることだ。それがうまくいけば、地域の仕事も自然と増えることになる。

「自然と親しむ宿」里山十帖

最初にするべきは人を集めること

民間レベルで集客をプライオリティ化して成功している例として、2013年に開業した越後湯沢の小さなホテルがある。里山十帖というホテルで、雑誌「自遊人」の編集長岩佐十良氏が廃業物件を自ら買い取り、改装して営業している。約150年前の古民家を再生してつくった宿で、今は数カ月先まで予約がとれないほどの人気だ。近場で採れる山菜などを美しく盛り付けた料理に土釜で炊いた魚沼産コシヒカリは、素材が生きていてとてもおいしい。遠く連峰を望む露天温泉は時間を忘れて恍惚《こうこつ》となる。また、古民家の良き古さと都会的センスのグラフィックサインやインテリアにも脱帽し、予約が取れないわけにも納得させられる。

しかし、彼の食やインテリアやホスピタリティなどのこだわり以前に、開業までの厳しいドラマがあったようだ。

ここは何度オーナーが変わっても、その雪深さに冬の燃料代がかさみ、スキーの客も少なく、たびたび閉鎖を余儀なくされてきた経緯から、銀行からの借り入れを予定していた改装資金も途中で断たれる憂き目にあい、とんでもない苦労をされた。しかし、そんな物語の背景感性と都会人の心を揺さぶるセンスで、銀行の予想を開業数カ月で覆してしまったのである。

一見、感性ポテンシャルがゼロに見えるこの地を、彼ははるかに高いポテンシャルとして見切っていたことになる。里山にしかできないノウハウがすべてここに詰まっているような場所である。こういった、拠点がひとつだけでもその地にできると、そこを中心に、いくつかの同様なベクトルが集まり、さらにポテンシャルが高まり、結果的に雇用が生まれ、「点」「線」「面」の順に地域創生が果たせる。

私はこの事例のように、都会的なデザインセンスを里山にアレンジすることを最優先することで、共感を呼ぶ場（点）ができると考えている。そしてこういう魅力的な取り組みは、まず先に人を集めることが最初だ。人が集まれば、その地域の閉まっていた店のシャッターが開き、お金が巡り、たちどころに人手が足らなくなる。雇用センターなど、その後の後でいいだろう。

ムーブメントを起こす6つのキーワード

地方の集客性を考えるとき、「交通」「味」「ビジネス」「自然」「宿泊」「文化」という6つの重要なキーワードがある。たとえば、水木しげるの出身地である鳥取県境港市は、「ゲゲゲの鬼太郎」を観光の目玉にしていて、それを目当てにやって来るお客も多いのだが、最近まで宿泊できるところがほとんどなかった。だから、わざわざやってきたお客は、島根県松江や米子に流れてしまう。滞在時間が短いため境港にお金は落ちず、鬼太郎の写真を撮って簡単なおみやげだけ買って帰ってしまう。やはり、6つのキーワードのどれも欠けてはいけないのがわかる。そして、文化の内訳としては、さらに「学び」「産業」「工芸」「伝統行事」「名所旧跡」「歴史遺産」「エピソード」といったものがあるとなお良く、このようなものがあって、観光や就業、移住につながっていく。

岡山県真庭市勝山にある町並み保存地区。風情ある古い街並の中で、数件がのれんをかけはじめたことが引き金となって、今や120枚ほどののれんが見られる「のれんの街」として知られている。

地元の女性の染色家が依頼を受けて1枚ののれんをつくったことがきっかけで、向かいや隣に飛び火し、このののれんの街並みが話題になったために町全体の感性ポテンシャルははね上がり、2008年には都市景観大賞を受賞している。

今は、多くの人で恒久的に賑わう城下町となっている。このように同業者を排除せずに、お互いに工夫し、一緒にムーブメントをつくっていくこともできるのだ。

おわりに

なぜこの本の執筆に至ったのかをあらためて考えてみた。２００９年1月に始まった経済産業省や中小企業基盤整備機構（中小機構）が音頭を取り、行った感性価値創造ミュージアムがそもそものきっかけだった。初年度の東京青山で公開されたミュージアム展示のため、日本全国からノミネートされた感性価値商品からさらに選定するための審査員会が組織したいと、当時の実行委員長だった赤池学氏から参加の打診があった。

ところが、皆さんもお気づきのように、「感性なるもの、雲をつかむよう」なものだ。審査する側の感性に絶対の信頼を置かれるほど、優れた才も自覚なく、また審査基準のようなフォーマットもつくり得ないということもよく理解できる。つまり、感性というブラックボックスがテーマである以上、その箱を開けずに感性を語ることに何の意味があるのだろうか、とそんなもやもやが考える都度、見え隠れしたのだ。

その年の9月、感性価値創造ミュージアムは神戸に場所を移し、9日間の開催となった。ユネスコのデザイン都市に選定されたタイミングで、神戸市が兵庫県、経済産業省、中小機構と共に主催者となって、西日本からの感性の高い商品を展示することとなった。このイベントの実行委員長を引き受けることとなった私は、青山での公開からの課題である「ブラックボックスを開ける作業」について、何らかの方策を持つべきだと考えていた。これが結果的にこの起草につながっていると言えるだろう。

展示物を見た方々に、「なぜこれは感性が高いと言えるのか」と問われたときに、「あなたの感性には響かないかもしれないけど、こういう人たちには心揺さぶるものなんですよ」と言えるスケールが絶対に必要だと。そうすることで、年齢、性別、民族性、パーソナリティによって、共感度は全く違うということをまず周知させなければならない。そして共感を得るためのメソッドとして、異分野の環境にある人を理解することをベースにして自己の感性がおよぶ範囲を拡げることに言及していかなければならないと思ったのだ。

しかし、神戸市立博物館の会場で、いちいち説明員が来場者にすり寄って説明するのもいかがなものかと。むしろ、来場者が自分の感性の気づきと照らし合わせることのできるポジションマップのようなものが必要かも知れないと思った。それでそこに、せめて共感を引き起こす感性の種類だけでも、可視化できないかと考え、六角形に感性を分類した感性ヘキサゴングラフが誕生したのだ。

私自身、工学部の応用物理という世界にいた人間で、「感性ごと」には極めてコンプレックスをもっている。感性がないことを見透かされるのが怖いのか、デザインやアートの連中との会話が最も緊張するのだ。彼らの思考では直感が優先されるが、結果的に論理をつくり上げるだけの感性をもっている。

その理論構築は、後づけでも、評論家たちに任せればいい。そんな潔さを彼らから感じ、学んでいるが、いまだ私にはおよばない。そんな感性の高みを憧れつつ、ブラックボックスを紐解いていくことで自分なりの場をつくることで精一杯だ。

しかし、デザインとは無関係の世界にいたからこそできることがある——「デザイン」や「感性」という翻訳しがたい言葉を伝えるトランスレーターでありたいと願って、ここに起草した。

著者

課外授業

九州大学の感性研究

九州大学大学院芸術工学研究院副研究院長
未来デザイン学センター長
森田昌嗣教授に聞く

九州大学USIシンポジウム

筆者は、2009年に九州大学で開催された九州大学USIシンポジウムで、講演を行ったことがある。そこでは、「九州大学USIの継承発展」について、文部科学省の事業報告を兼ねたセッションが行われ、ユーザーサイエンス機構（USI）が行ってきた5つの研究課題についての成果報告がなされていた。ここでの発表は感性研究についてかなり興味あるテーマだったので、こういった組織を大学内に設置してきた経緯や研究方法について、芸術工学研究院の森田教授にお聞きする機会を得た。

まず、九州大学にこういった感性研究の拠点ができた経緯を尋ねてみた。1968年に全国で初めて「芸術工学部」を有する大学として開学した九州芸術工科大学は、2003年10月に九州大学と統合されている。九州芸術工科大学初代学長の小池新二氏が理念として掲げた「技術の人間化」は、統合後も踏襲され、技術の発展自体を人間的基準（感性／デザイン）に立脚して進め、人類の福祉と人間生活の充実に役立てることと位置づけられている。

2004年度、文部科学省より「ユーザーを基盤とした技術・感性融合機構」――九州大学ユーザーサイエンス機構が採択され、2008年度までの5カ年のプログラムが推進された。USIの目的は、ユーザーの視点から感性と技術の融合を推進し、従来にない研究開発システムと、それを支える人材育成の拠点を構築することと位置づけられている。

プログラムの初期段階は、感性と技術の融合のためのパイロットプロジェクトを推進し、2006年度から2007年度にかけては、USIが独自に開発した研究開発システムの骨幹「感性テーブル」の基本概念を設定し、パイロットプロジェクトによる感性テーブルの検証を進めている。本事業の最終年度は、感性テーブルの運用システムに基づくデザイン評価診断システム「クオリティカルテ」の開発を行っている。

USIにおける「感性」は、「より良く生きるための機能」ととらえ、感性を支援する3条件として①生活保証のための「安心・安全」②環境に対する生物学的・文化的適応のための「適応性・利便性」③よりよく意欲的に生きるための「心地・感動」と定義している。

この考え方は、芸術工学の「技術の人間化」の理念と相互に深い関係を有し、「感性」を切り口に芸術工学、人間環境学、工学、医学、農学、経済学などの諸学問領域を融合することを意図している。

では、その融合と運用の中軸となる「感性テーブル」と、その研究開発システムとなるデザイン評価診断システム「クオリティカルテ」とは、いったいどういったものなのだろうか。

「感性テーブル」は、ユーザーのニーズを感性の次元で把握し、それと大学の知識シーズ（感性知）とを結びつけ、感性情報をわかりやすく構造化するツールである。その構造は、感性軸と知識軸からなるマトリクスで構成される。マトリクスの一つひとつのセルには、ユーザーニーズの解決につながる知が位置づけられ、それらを相互に結びつけることで知の融合のシステムを構成している（図表Ⅰ）。

「クオリティカルテ」は、ユーザーを、経営者や営業マンなどの「送り手」、デザイナーや技術者などの「作り手」、エンドユーザーなどの「受け手」に分け、これら三者のユーザーグループが同じ評価指標を用いて、製品や空間を評価していく。その際に、重要なのが三者間の評価のズレだ。クオリティカルテは、このズレが起こる要因をデザイン開発に生かし、感性面でのユーザーニーズに応える価値創造が生みだせると考えているのだ。（図表Ⅱ）

知の融合を掲げることが必須となる感性工学だが、横断領域の研究を単一の学部で進めることは組織上むずかしいのではないだろうか。この問題についても、どういった体制を敷いて対処しているのかを森田教授に聞いた。

現代の科学的知の探究は、高度化して専門分化を繰り返しながらますます飛躍的に進展している。しかし、その反面で、専門分化し細分化されるにつれて、専門領域を超えた知の交換や相互理解が困難になりつつある。そしてさらに、いったん細分化された専門的な知は、複合的な新領域の課題を解決する際に、再度統合しそこから新しい知を生みだすことが次第にむずかしくなりつつある。

つまり、知の専門分化が深くなるほど、専門を超えた相互理解を促す知の統合の仕組みが必要になっているのだ。

これを踏まえて、USI終了後の2009年度、九州大学では科学的な知を再編成し統合するために、「統合新領域学府」を設置している。

この「統合新領域学府」は、学問の細分化によって生みだされた膨大な知を再編成し、統合的で科学的な知による社会課題の解決に取り組んでいる。文と理、芸術と工学のように分離して考える便利さが通用しなくなった今、「感性と理性の融合」によるイノベーションを生みだす仕組みがここで研究されている。

また、地域創生の観点から考えると、九州大学のローカリティは、一極集中型のモノづく

図表1　感性テーブルによる感性価値創造システム

知識軸

感性軸

もの・こと・ば（評価対象）	ニーズ	計画する（ニーズの収集）	具体化	感性評価
心地・感動	ニーズセンテンス①			
適応・利便	ニーズセンテンス②			
安心・安全	ニーズセンテンス③			

【感性テーブル（マトリックス）】

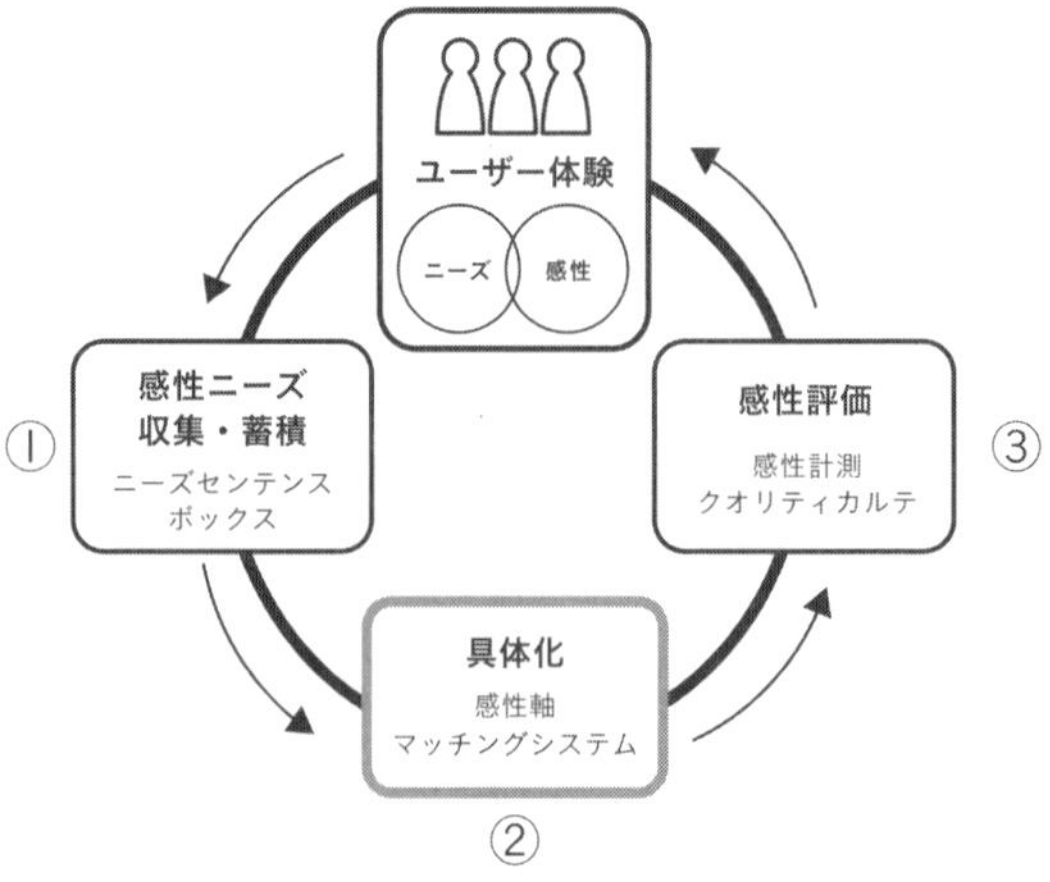

図表II　クオリティカルテの概要

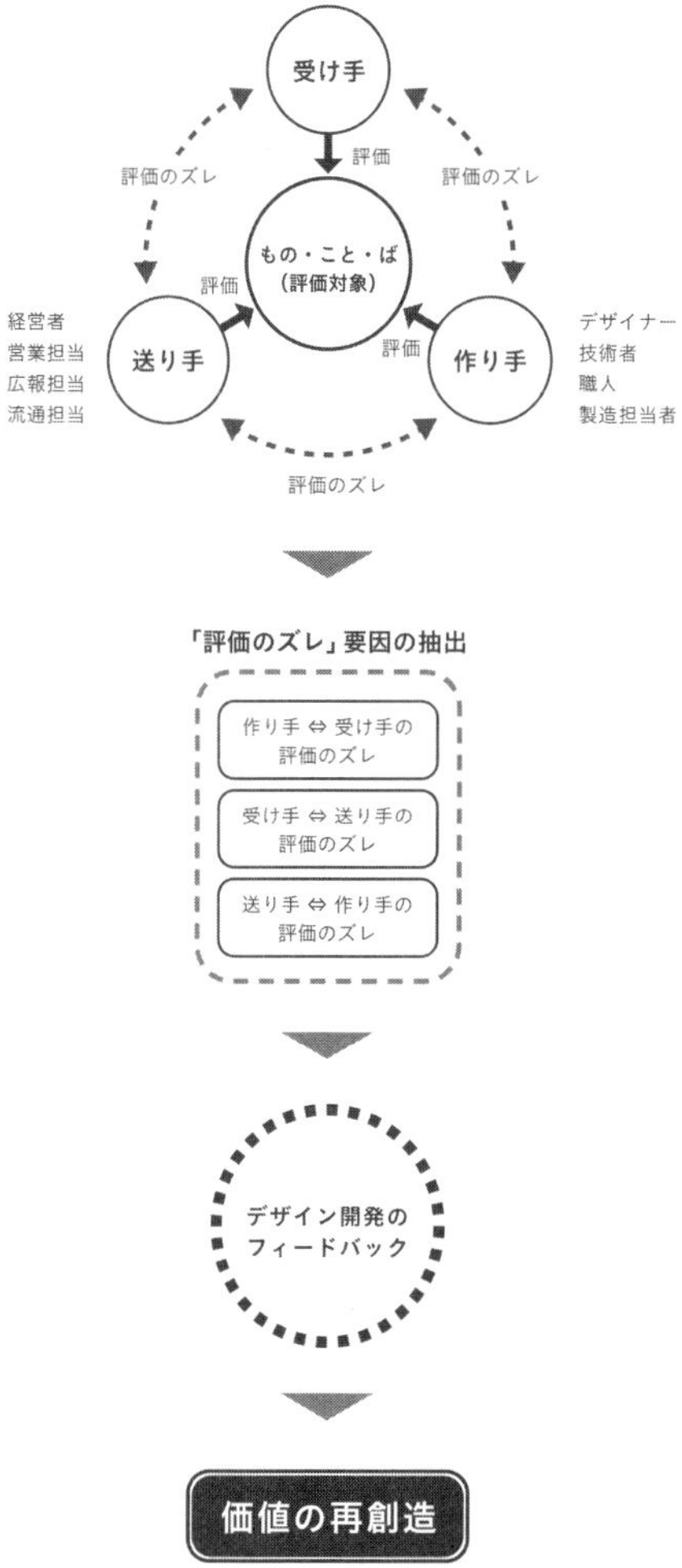

りのありかたに一石を投じるような優位性をもっているようにも思えるが、地方にあることの強みとはなにかを聞いてみた。

①グローバルな視点をローカルに反映させるグローカル発想

わが国のデザイン業の実態を、ものづくりを担うインダストリアルデザインで考えてみたい。

やや短絡的な解釈かもしれないが、わが国のインダストリアルデザインは、主に工業製品を対象に区分されたデザイン業種のひとつであり、欧米を手本としたキャッチアップ型のデザインプロセスを重視してきた。わが国の近代化と高度経済成長期のものづくりの一端を担っていたともいえるが、複雑化し、多様化する「ひと」の質的満足が求められる現在においては、物的な「もののかたち化」に傾斜したグローバルスタンダードを目指すデザインプロセスは限られた一部の工業製品のみでしか通用しないものとなっている。

デザインは、スキル別や要素技術別に区分されるものではなく、生活者の立場で統合的、横断的に取り組むべきである。インダストリアルデザインは、私たちの生活そのものを支える産業との関わりにおけるトータルデザインといえる。トータルデザインは、グローバルスタンダードを目指すことよりも、より具体的なひとの生活のシーンをとらえなければならない。つまり国や地域の生活シーンの違いから生まれる「感性」に着目したデザインプロセスが必要である、といい換えることもできる。

私が生活を営む九州を例に考えると、極東に位置するわが国特有な内在的「感性」や、その極東の南西に位置し、古来よりアジアとの交流の深い九州地域の「感性」などを育み、「ひと」「場」「こと」そして「もの」の関係性から「美しいかたち」を可視化する〝関係のデザイン〟にとらえなおすことである。国や地域のローカル・インダストリアルデザインの受発信と交流が、次代のグローバル・インダストリアルデザインの種を生む。つまり〝グローカルな発想〟による〝関係のデザイン〟をきめ細やかに思考し、実践することができるのが、世界での日本、日本での九州といったローカルだと考える。

工業製品のインダストリアルデザイン活動が少ない九州地域だが、インテリアやグラフィック、そしてクラフトなどの生活に密接に関係するデザインは多く、また、福岡デザインリーグなどのデザイン領域を横断する活動の先進地域でもある。デザインの役割とは、広い（グローバル）視野からインダストリアルデザインをとらえ、九州や福岡など（ローカル）の生活シーンの「感性」を感性価値に可視化、つまりデザインする〝グローカルな発想〟の〝関係のデザイン〟を、地域から日本、そして世界に発信し相互に結びつけることと考えている。

今までの話から、感性は理性との融合によって価値創造を果たすことができると考える。では、デザインする行為はこれとどう違うのか、この点を聞いた。

②「感性と理性の融合」とデザイン学

結論からいうと、感性と理性の融合を可視化するための方法がデザインである。再度整理するとデザインとは、人々の生活の観点から物的要素（もの）と事柄（こと）、そして環境（ば）との関係を、感性と理性の融合によって統合化し、「もの・こと・ばの関係の価値」を「かたち」に可視化し、事業に結びつけることと位置づけることができる。つまりデザインは、科学技術の進展により高度化・個別化する要素技術を、生活者の立場から社会状況を見据え、安心・安全な生活の利便・適応を満足させ、心地・感動を与える魅力的な物的・質的環境に変換・統合する感性価値形成プロセスと定義できる。

この考え方の根底には、半世紀程前に小池新二氏が九州芸術工科大学の設立にともなって提唱した、芸術工学の理念「技術の人間化」と深い関係がある。主に芸術の分野は、非言語的、無意識的、直感的な感性の表現活動をおこなっている。

一方、工学、理学などは、言語・数理的、合目的的、計画的に理性の体系化を構築する。これら芸術と工学（この工学には理学、医学、農学などの諸科学領域を指す）の融合、つまり「感性と理性の融合」が「技術の人間化」のためのデザイン学とする考え方である。「技術の人間化」は、生活の主体である人を中心に据えて、人のための「もの・こと・ばの関係の価値」を「かたち」にあらわすデザインの根本的な理念である。感性と理性の融合を可視化するデザインを学としてとらえると、図表Ⅲ（215頁）に示すことができる。

デザイン学は、課題解決への直線的プロセスではなく、人間、生活、開発、評価のいずれからもアプローチできるサイクル型の研究プロセスが存在する。まず人の生活を形成する「もの・こと・ば」と人の関係を評価することからニーズの実態を探る、生活探求型サイクルの「人間生活デザイン基礎的研究」がある。二つには、生活における潜在的ニーズを抽出し、新たな「もの・こと・ばの関係の価値のあり方」を提案する課題提案型サイクルの「実践手法型デザイン研究」。そして「もの・こと・ばの関係の価値」を「具体的なかたち」に創造・実施することによって、どのような価値形成に寄与するのかを検証する価値提案型サイクルの「実践検証型デザイン研究」がある。この三つの研究サイクルで課題解決を可視化によって果たしていく作業自体がデザインだと考えている。

先ほど話に出たズレが、問題解決のキーになるようだが、このズレを導くための方法はどのようなものかをもう少し詳しく聞いた。

③ズレを研究対象にするクオリティカルテ

ここで、私の「実践手法型と実践検証型デザイン研究」の概要を例示する。

まず「実践手法型デザイン研究」は、「もの・こと・ば」の提供価値における機

図表III　感性と理性の融合サイクル

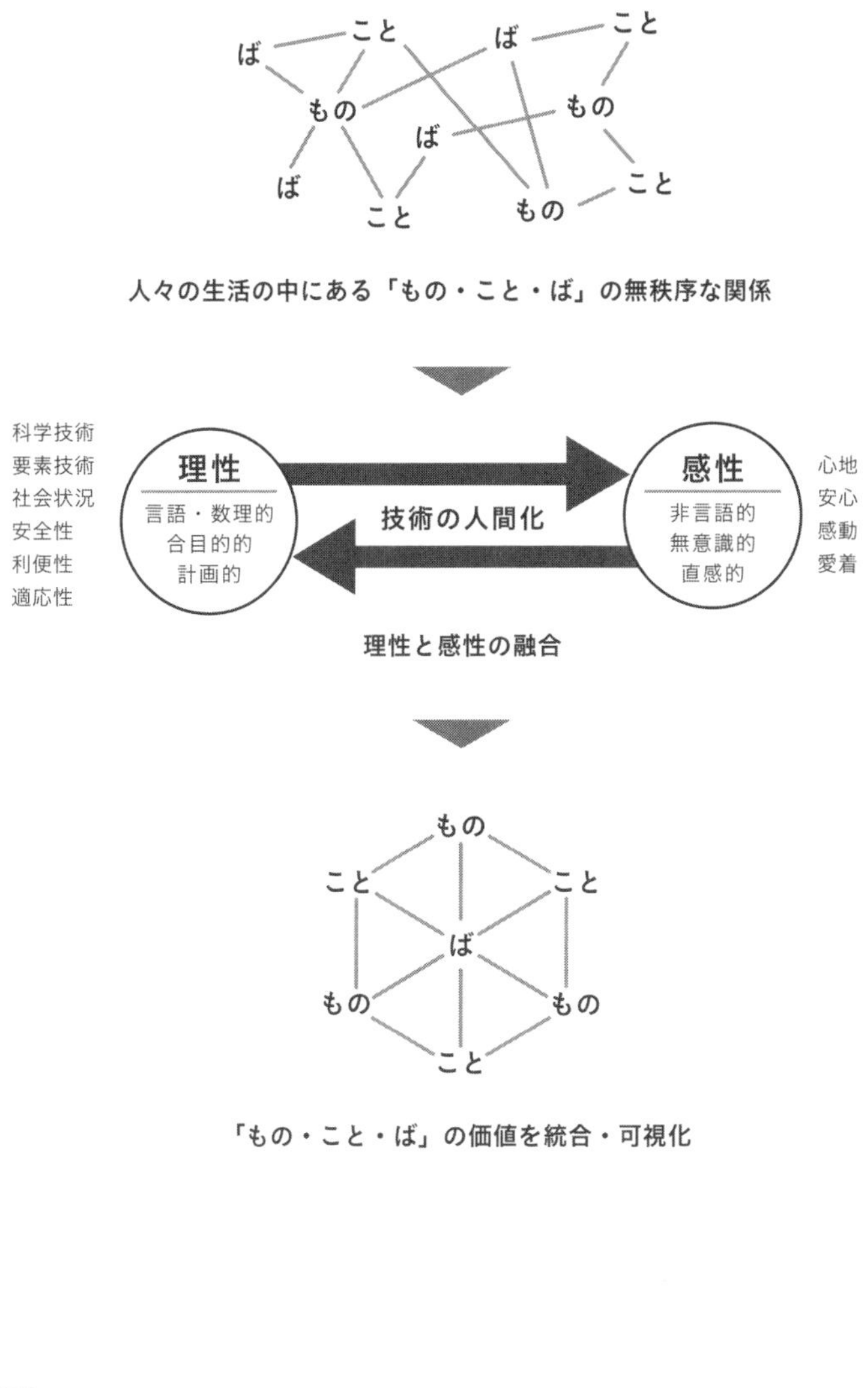

能（理性）面の評価と、暗黙知とされてきた感性面の評価を可視化し、送り手・作り手・受け手などの評価者の立場の違いに起因する評価のズレの要因を抽出し、提供価値に適応するデザイン評価・診断システム（クオリティカルテ）研究を進めている。これまでにクオリティカルテを用いた評価実験の対象は、椅子や家電などの製品から、駅や博物館、ショッピングセンターなどの空間まで多岐におよんでいる。

また、評価者の立場の違いの評価のズレや、評価者の居住地域の違いに起因するズレや、評価対象相互のズレの研究も試みている。このように評価者間、地域間や対象間などによる評価のズレを可視化することにより、企画・プロトタイプ制作から製品・商品化の各段階で、営業従事者やインハウスデザイナーなどの内部での評価比較、フリーランスデザイナーやエンドユーザーなど外部との評価比較、また地域別の評価の違いなどを分析し、その要因を診断することが可能となる。クオリティカルテによるデザイン評価は、今後の「もの・こと・ば」づくりの企画開発支援ツールとして役立てることを目指している。

私のデザイン実務のパブリックデザインによる「実践検証型デザイン研究」。パブリックデザインも感性価値形成のための関係のデザイン「ひと・もの・こと・ばの魅力的で最適な関係をデザインする実践的方法」のひとつである。

私たちの生活を支える街の街路、広場などのパブリックスペースは、魅力的なさまざまな要素が用意されることによって快適な場を提供する。

快適な場をかたちづくるためには、パブリックスペースの多様な要素の秩序化と個性化の方法を検討する必要がある。秩序化のためには、たとえば街路に無秩序に設置された諸要素を整理することからはじめなければならない。個性化のためには、たとえば街路の環境特性にあった性格づけを行い、その性格づけから必要とされる要素を選びだし、要素相互の協調したまとまりのある魅力を導きだすことが求められる。そして重要なことは、個性化のためには、秩序化が欠かせない前提条件となり整理された環境の中ではじめて個性的で魅力的な場をかたちづくることができる。

つまりパブリックデザインは、機能的整理の「秩序化」デザインと感性的魅力の「個性化」デザインの関係のデザインといえる。「秩序化」の方向は、クオリティカルテの「機能（理性）」評価に関連し、「個性化」の方向は、クオリティカルテの「感性」評価に関連する。

現在、産学官民連携の共同研究などによる河川や地域環境などの具体的なグローカルな空間デザイン提案からクオリティカルテによるデザイン評価に至る一貫したプロジェクト研究を進めている。

ポテンシャルは可能性であって、絶対値ではない。これを人の感性に置き換えると、ある人にはたいそう響き、ある人にはまったく無関心となるのだ。だから、この「感性ポテンシャル」なるものは、見誤りやすい。そこに関わる人たちの感性のズレが働いているからだ。私たちを取り巻くさまざまな事例に対して、この感性のズレに着目し、異なる立場の人による評価をさせてみる。

当然、ズレが確認できるわけだが、重要なのはそのズレが起きる理由なのだ。なぜ、作り手の思いを送り手が発信できなかったのか、なぜ受け手の使い勝手の不満を作り手は見抜けなかったのか、そういった障害を取り払う方法が、評価のズレとその理由のフィードバックによって導き出されるのだ。

九州大学の取り組みには、そういった感性ごととしてあいまい視されてきたことを定性的に分析する仕組みができている。今後、ＡＩの普及にともない、こういった研究の成果が積み重ねられることで、感性情報の認識精度が高まれば、より直感的に感性の働きや質やズレが可視化できるデバイスも現れるだろう。日本の顔文字がＭｏＭＡミュージアムの永久保存になったように、日本人の繊細な感性は、言葉では表現できない感情表現の手段もあみだしてしまうようだ。感性×工学のこの研究が進めば、伝えることのできる感性情報が飛躍的に増えることで、新たなコミュニケーション手段となり、未来の生活文化のデファクトスタンダードとなるだろう。

巻末付録　事業プランシート解説

ある人物が、この『感性ポテンシャル思考法』の読者だとしたとき、彼がどのようにこの思考法を活用し、どういった事業構築を行うのかを、第3者視点で仮想考察したほうがわかりやすいのではないかという話から、巻末に事業プランシートを作成した。さらにその仮想人物による記入見本もつけた。つまり、私自身が読者になりきってみた。そうすることによって、思考の流れがよりわかりやすくなるからである。

まず、その仮想人物を紹介しよう。

彼は、ITソリューション系企業の新規事業企画部門の課長Aさん、毎年さまざまなトレンドキーワードが飛び交うが、そのほとんどが抱えている事業に関係しているという、トレンドビジネスの先端にいる。彼らが得意とするのは、旧体質の企業のシステムにトレンディなソリューションを導入することで、ある一定の効率化を図ることを得意としている。しかし、このような旧体質を正常化させるアップグレード型のソリューションビジネスというものは、コンサルティングに加わってくるライバルが無数に存在するものである。それ以上に、常識を破る企画で企業サポートするような思考の持ち主でないと、価格競争に追い込まれ、この業界では勝ち残っていけないのだ。また、中小企業などに対しては、定番のソリューションが適応できず、カスタマイズを余儀なくされるため、その企画にスケールメリットを生かせず、返ってコストアップになることもある。サポートしたい顧客なのに支援できない理由がそこにあるのだ。

こんな状況に囲まれながらA課長は、日々、企業サポートの新たな方策を考えつつ、この『感性ポテンシャル思考法』を手に取ったことになる。

Phase 1　自分を知る

感性価値へキサゴングラフによる事業プランシート

自社のビジネススタイルを客観的に評価し、感性へキサゴングラフ上に表わしてみる。それによって、自社の強みであるコアコンピタンスと、感性的に弱点となる部分が見えてくる。この両者を自覚することが重要だ。強みなのに、公表されていない情報などがあればそれを生かす戦略を。また、弱みを放置するのではなく、弱みを逆利用する戦略、あるいはその弱みを克服するプロを取り込んだ戦略へと自分を俯瞰していく。この自覚が変化へのきっかけとなる。自社の感性価値へキサゴングラフを作成するにあたり、それぞれの感性価値のキーワードをヒントに、そういったエッセンスがあるかどうかを確認し、6つの軸でお互いに比較してみてほしい。どこかに特化した形になったり、どこも尖らずに丸く納まるかもしれないが、いずれもあなたの会社の感性的なビジネススタイルを可視化したものなのだ。

サンプルでは、ビジネス用ソフトウェアの販売を通して、中小企業のビジネスコンサルタントを請け負っているA課長が、この会社に対してどういった指導をしているかを客観的に感性価値へキサゴングラフに表している。それによって、見えてくる長短所を切り口に、今後どういった指導へ切り替えていくべきかを計画している。

Phase 2　自分に関連するビジネスを俯瞰する

体験ビジネスマップによる事業プランシート

自社のビジネススタイルがあらためて俯瞰できたら、そこに気づきにくい強みや弱みが見えてきたはずだ。しかしそれは、自分のビジネスに近い領域の中で、ほかの多くのビジネスが存在する中ではどうだろうか。自分のビジネスと同じようなキーワードを括るだけで、多くの新しいイノベーションが見つかる。ユーザーが体験によって得られるワクワクするような感性の抑揚は、常に新しいアイデアによって更新されている。この自分のビジネスに近い領域の中で、ユーザーの感性の抑揚をどうコントロールし、人に豊かさの体験を提供できるかが、この事業プランシートの中で見えてくるはずだ。

縦軸の能動体験と受動体験は、自らの意思で体験を求めようとするレベルを表し、横軸のハレ（非日常）とケ（日常）は、ワクワク、ドキドキするような期待感が大きい体験を右寄りに、日常習慣的で穏やかな感覚を左寄りにプロットすることで、その分野でのユーザーの感性の抑揚状態を位置関係で知ることができる。

したがって、日常に非日常を取り入れたビジネス、逆に非日常のシチュエーションに日常的な状況を加えるなどの考察が容易になるのだ。

たとえば、メニューを選べない日常的な「定期宅配弁当」のビジネスを、「産地直送名物弁当の定期配送」とか、「月替わりミシュランレストランの定期宅配」とするだけでユーザーの期待感を高め、ビジネス規模を大きくすることができるかもしれない。

今回は、A課長が食の宅配ビジネスの会社に対して、まずは食の業界がユーザー体験に対してどこまでアプローチできているかを俯瞰する「体験ビジネスマップ」を作成している。ここから、非日常的な期待感を生み出すアイデアをワークショップによって共有しようとしているのだ。

Phase 3 周りを観る

ダイバーシティ思考による事業プランシート

専門性の高い人ほど、その分野のさまざまな制約から逃れられないために、問題の置かれている本質的な状況を俯瞰できないことが多い。解決したい問題や新たなイノベーションを生み出す必要がある場合、その状況を取り巻く環境を異なる切り口で因数分解し、構成要素を明らかにしていくことが最も解決の糸口に近づくことができる手法である。

ここでは、人的価値、物的価値、情報価値、時間価値、場の価値の5つの切り口で、ダイバーシティ思考が生まれやすいような分析方法を考えてみた。現況の既に決定している条件を書き込みながら、5つの価値軸に因数分解していくと、今、不足しているキーワードが浮かんでくる。そこから、イノベーティブな事業プランへと組み立てていくのがこのシートだ。

A課長は、京都にある老舗旅館のコンサルティングをしているが、インバウンド向けの海外の旅行ガイドブックに目玉扱いされるような企画はないかと模索し、このダイバーシティ思考のワークショップからヒントを見つけている。

着物が着たくなるこの京都というロケーション（物・場）、着付けレンタル屋に行かなくてもいい利便性（時間）、メディアに対して目玉になる着物姿での観光（情報）、着付けしながら相談できるバイリンガルコンシェルジュ（人）という新しいサービスが浮かび上がってくる。調べて実際驚いたことに、このようなサービスは京都の旅館「やまと」で本当に始まっていた。

Phase 4　ユーザー目線で観る（自宅編）

感性表現マトリックスによる事業プランシート

自宅の部屋をどう見せるかといった感性表現は、自分のときめく基準にそって進めることができるので、自分の感性に素直に従えばブレのないコーディネートができるだろう。しかし、ときめかないふたつの象限については工夫やセンスが必要だ。あるいは、メーカーでないとクリアできないハードルがあるともいえるエリアだ。ここでは、この事業プランシートの4象限のうち、商域になりそうな2つの象限について考察を進めることにする。まずは「ときめかないもの」×「見せたいもの」。つまり、クーラーや空気清浄機、台所洗剤など、その機能が必要なために不本意ながら仕方なく見えるところにおいて仕方なく使うエリアだ。

ここでは、機能を果たしながらその存在を見せたくなるようなデザインへ置き換える工夫が必要だ。たとえば、家電を壁の中にインセットするウォール家電、台所洗剤をインテリア性の高い容器に移し替えるリパッケージなどで、ここでは異質なデザインティストを排除することで空間に統一感を生み出すアイデアを考えてほしい。

また、「ときめかないもの」×「隠したいもの」は、脚立、台車、キャニスター型掃除機、工具などの、使うとき以外は目に触れないように収納しているエリア。トイレットペーパー、紙おむつ、乾物食品のように、ストック品もこのエリアに入る。ここでは、収納されていることが前提になるので、実際に使うときには出してくるのが面倒になったり、普段目につかないために忘れてしまったりすることが問題になっている。これを出しっぱなしにしても、インテリアを阻害しないデザインへ昇華することで、いつでも使える利便性をユーザー訴求できるアイテムとなるので、メーカーにとって取り組む意義のあるエリアとなっている。

また、普段収納されていてあまり目につかないアイテムなので、メーカー側がそこにデザインコストをかけないことから、デザインを施すよりコスト重視の商品が多いエリアでもある。そんな理由もあってリビングに出せないことが、咄嗟《とっさ》のニーズに応えられない不便さを引き起こしていて、私はこれを「負のスパイラル」と呼んでいる。ここでは、この負のスパイラルに陥っているアイテムを見つけ出してデザイン性を高める工夫を考えてみてほしい。

A課長は、ここでは問題の象限にある代表的な負のスパイラル、台所洗剤や脚立に対して考察し、ソリューションプランを立てている。

Phase 5　ユーザーとの出会いのタイミングをデザインする

購買行動から考える事業プランシート

ユーザーが商品のことを初めて知る「出会いのタイミング」をデザインすることは、実に重要なファクターとなっている。背景情報が少なかった以前は、実際に商品を手に取ってその是非を判断した訳だが、今は完全に違う。商品を見るまでもなく情報が飛び交い、同時にたくさんの人の評価もついてくる。自分の感性や自分の尺度でものを見る目は、損なわれつつも、多くの人のコメントを平均したり、少し割り引いて参考にしたりと、その評価テクニックには長けてきているようだ。そんな人たちを相手にすると、企業戦略はいわずもがな情報戦略になる。いいものを出せばわかってくれるといった妄想は、もはや通用しない。いかにキャチーなワクワクする期待感を情報に込められるか、またその内容を人に伝えたくなるか。そこのつくりこみがむしろ事業コンセプトの核になるといっても過言ではないだろう。

ここでは、あなたの描く事業プランに対して、どういった期待感を情報に込めていくのか、ユーザーがどの段階でその情報に出会うのかを時系列に描いて、事業プランシートにある4つの購買行動のパターンを参考に戦略を立ててほしい。

A課長は、特許性のある加工技術を持った企業の指導に対し、その技術を生かしたハイブリット素材に目をつけた。この素材開発の物語があまりにも凄い。人に伝えたくなる共感を呼ぶ物語がそこにはある。この背景感性を最大の資産と考え、ネットを通じて多くのファンを育てる作戦として、事前告知に有効な購入型クラウドファンディングを導入し、初回ロットの完売による資金リスクの回避と、事前の情報拡散効果を同時にねらっている。

著者紹介

村田智明（むらた・ちあき）

株式会社ハーズ実験デザイン研究所 代表取締役
METAPHYS代表
京都造形芸術大学 プロダクトデザイン学科客員教授
九州大学 非常勤講師
神戸芸術工科大学 客員教授
NPO法人 エコデザインネットワーク理事
一般社団法人 日本デザインコンサルタント協会（JDCA）理事
総務省地域人材ネット登録アドバイザー

1959年鳥取県境港市生まれ。1982年大阪市立大学工学部応用物理学科卒業。1986年同社を設立、プロダクトを中心に広範囲なデザイン活動を行い、Gマーク金賞をはじめ、DFAグランプリ、RED DOT　BEST OF BEST、ジャーマンデザインアワードWINNER賞、iF DESIGN AWARD GOLD、ソーシャルプロダクツアワード大賞、TOPAWARDS ASIA GRAND AWARD2017など、国内外で150点以上を受賞。またオムロンの血圧計「スポットアーム」やマイクロソフト「Xbox 360」などを手がけ、世界記録的な販売数を達成する。自ら立ち上げた企業コンソーシアムブランドMETAPHYSは、「行為のデザイン」で企画・デザインした商品を販売に至るまで実践している。また東京都美術館新伝統工芸プロデュース事業や越前ブランドプロダクツコンソーシアム（iiza）、鳥取の企業連携ブランド（TOTT）など、地域振興にデザインを活用したプロデュースにも数多く携わる傍ら、eco products design competition 2007〜2010、social design conference 2011〜2015の開催を通じて「ソーシャルデザイン」という言葉を生み、社会イシューデザインの啓蒙に尽力している。著書に『ソーシャルデザインの教科書』（生産性出版）『問題解決に効く行為のデザイン思考法』（CCCメディアハウス）がある。

0《ゼロ》からのビジネス・イノベーション
感性ポテンシャル思考法

2017年12月25日　初版　第1刷発行

著　者　村田智明
発行者　髙松克弘
発行所　生産性出版
〒102-8643　東京都千代田区平河町2-13-72
日本生産性本部
電話03(3511)4034
http://www.jpc-net.jp/

印刷・製本　シナノパブリッシングプレス
本文デザイン　茂呂田剛（エムアンドケイ）
カバーデザイン　宮澤槙
編集協力　宇都宮薫
編集担当　米田智子

乱丁・落丁本はお取りかえいたします。
Chiaki Murata 2017 Printed in Japan
ISBN 978-4-8201-2068-1 C2034

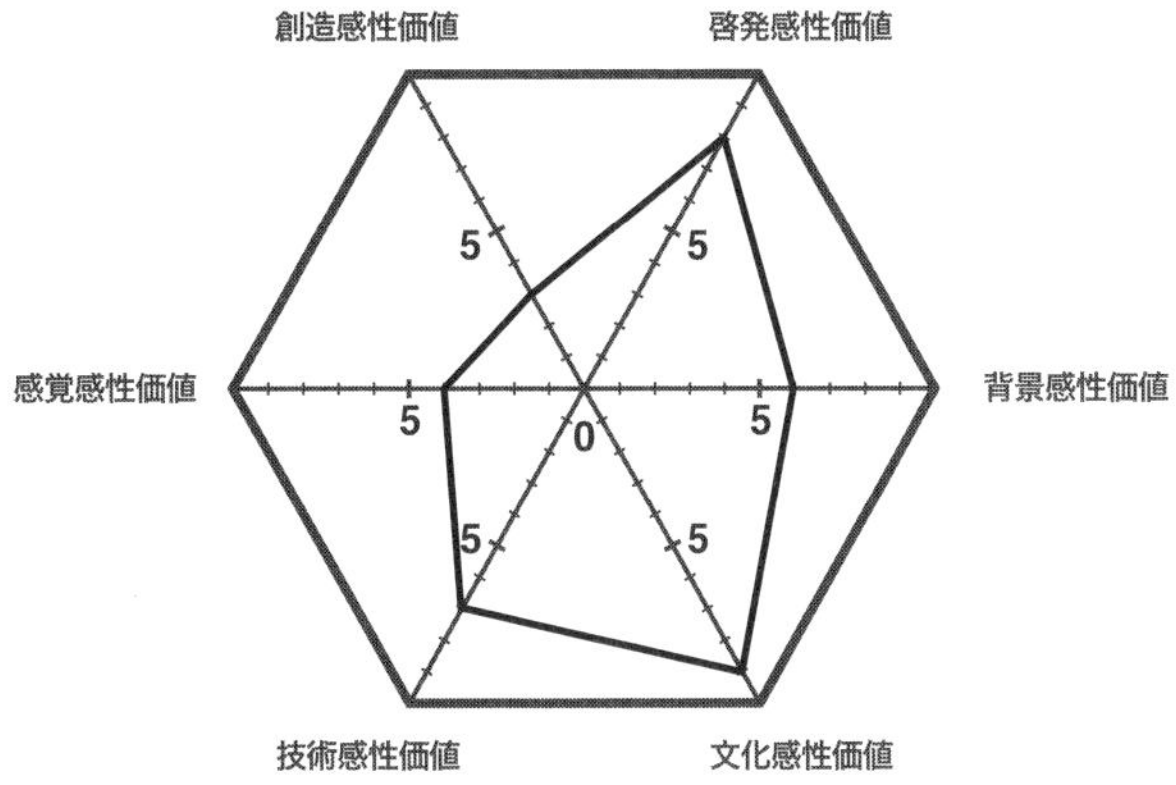

・今までは、旧体質のシステムを解消するだけのサービスやサポートだった。
↓
・クライアントとの情報共有が少なく、肝心なところはクライアントまかせにしているのでシステム導入をしても、合理化が多少改善されるだけの成果となっていた。
↓
・S.S.F.B法（行為のデザイン）を用いたワークショップをクライアントスタッフと開催し、問題の共有化を図ること。
↓
・専門的知識が必要となるワークショップでは、外部ファシリテーターの目を入れていく。
↓
・クライアントスタッフが自発的に感性アピールできるような企業文化創りを、web中心に行っていく。また、CSR研究会へも積極的に参加を促していく。これによって、システムのアップグレードだけでない本業の体質改善を図る。

感性価値のヘキサゴングラフによる事業プラン概要

↑

現在の感性価値ヘキサゴングラフ

６つの価値軸に対して、自分の生業あるいは指導している企業の生業を分析し、０〜１０のレベルでプロットしてください。次に、その点で結んで、ヘキサゴングラフを完成させてください。

自分の生業

ビジネス用ソフトウェアの
システム・ソリューション会社

（ビジネス・コンサルティングサポート）

指導している企業の生業

伝統技術を生かして地元民や移住者を雇用し、地域創生を企てる会社

→

	６つの感性価値、それぞれの長短所を記述してください。	長所を生かし、短所をプラスに転じる「感性ポテンシャル」プランを６つの感性価値ごとに記述してください。
感覚感性価値 →	マーケットトレンドを取り入れた感覚的な企画や、デザイン、ブランディングの部署がないため、感性的なアプローチは苦手だが、web導入でクライアントのイメージを上げるように努めている。 →	クライアントのサービス・商品が生み出されるまでの現状のプロセスを改めてヒアリングし、現状の問題を共有する機会をつくる。その上で、ワークショップを開催していく。その際外部専門家の協力も行う。
創造感性価値 →	クライアントのサービスや技術を生かした商品などには触れず、社内システムの効率化のみをメインにしているため、創造的なアプローチは、企業側の責任としている。 →	上記と同様なワークショップが必要。また、業界内のリサーチを行い、クライアントに自社を俯瞰させることも行いたい。
技術感性価値 →	クライアントとなる企業の技術的なサポートを社内で網羅できないため、技術的な判断は企業まかせにしている。 →	クライアントの技術者や営業などを交えた事業プランワークショップを行う。ファシリテーターに随時、外部専門家を起用することで、コアコンピタンスの発掘に努める。
文化感性価値 →	システムを導入させるときに合わせて、社内外のコミュニケーションが活発になるようになるようにweb再構築を推奨している。 →	発信していく内容や質に関しては、ブランディングの観点から企業文化が語れるように直接指導を行いたい。
啓発感性価値 →	CSR研究会や、エコ、地域創生、災害復興支援、雇用対策、障害者支援の活動を全社的に行っているので、その面からサポートできる。 →	クライアントのビジネスにソーシャルデザインの概念を取り入れ、当社のCSR研究会にも参加してもらう。それによってクライアントのサービスや商品に存在意義を持たせていきたい。
背景感性価値 →	クライアント企業が、沿革やエピソードなどを自由に書き込めるようにwebに自由度をもたせているが、あまり活用されていないようだ。 →	クライアントの経営陣にヒアリングを行い、隠れたエピソードや受賞歴、メディア評価、社会貢献、創業の苦労話、口コミ、ユーザーのリアクションなどwebの活用方法をワークショップによって拡げていく。

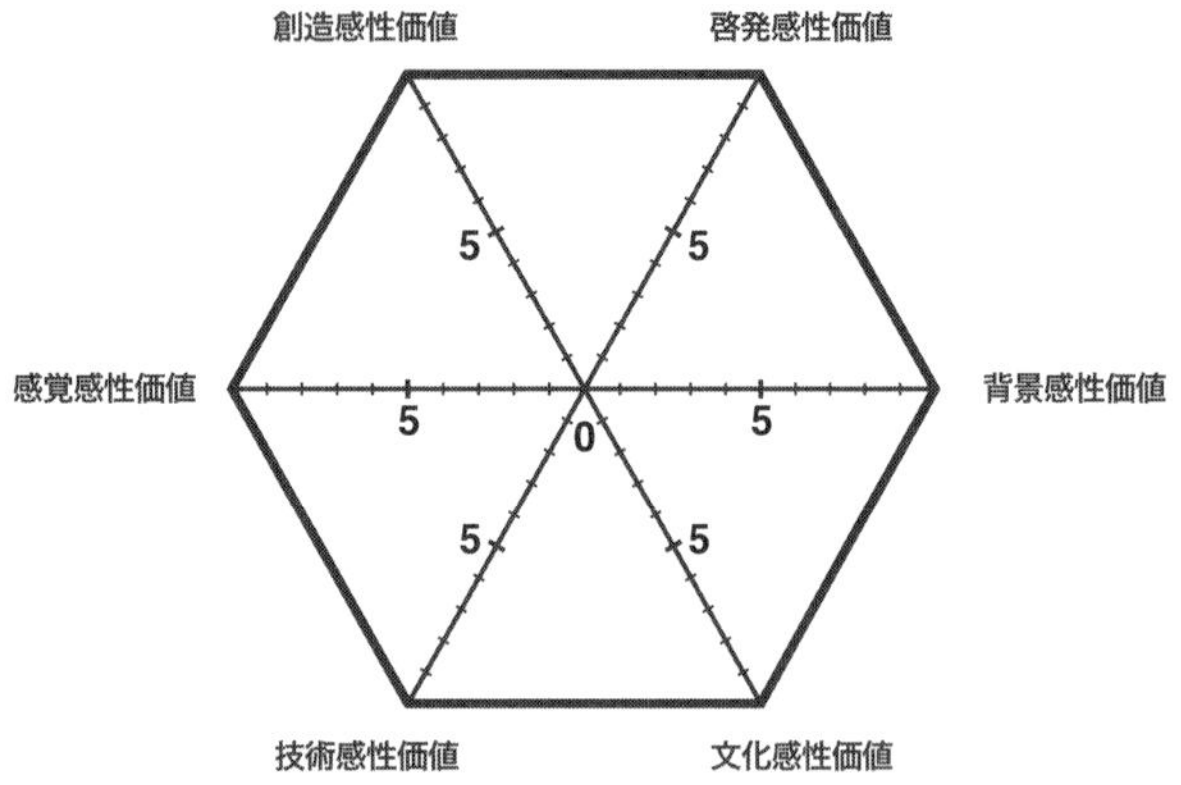

感性価値のへキサゴングラフによる事業プラン概要

現在の感性価値へキサゴングラフ

６つの価値軸に対して、自分の生業あるいは指導している企業の生業を分析し、０〜10のレベルでプロットしてください。次に、その点で結んで、へキサゴングラフを完成させてください。

自分の生業

指導している企業の生業

６つの感性価値、それぞれの長短所を記述してください。

長所を生かし、短所をプラスに転じる「感性ポテンシャル」プランを６つの感性価値ごとに記述してください。

感覚感性価値 →

創造感性価値 →

技術感性価値 →

文化感性価値 →

啓発感性価値 →

背景感性価値 →

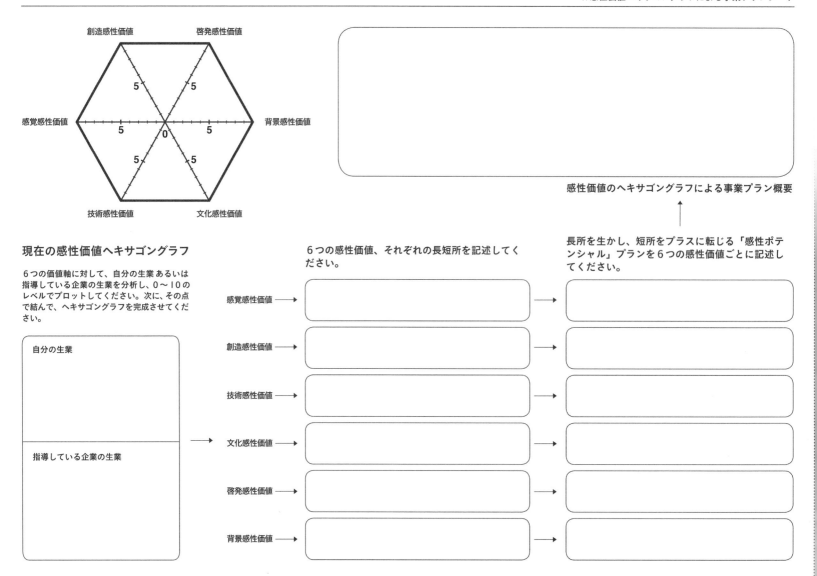

体験ビジネスのキーワード

食に関する行動と体験

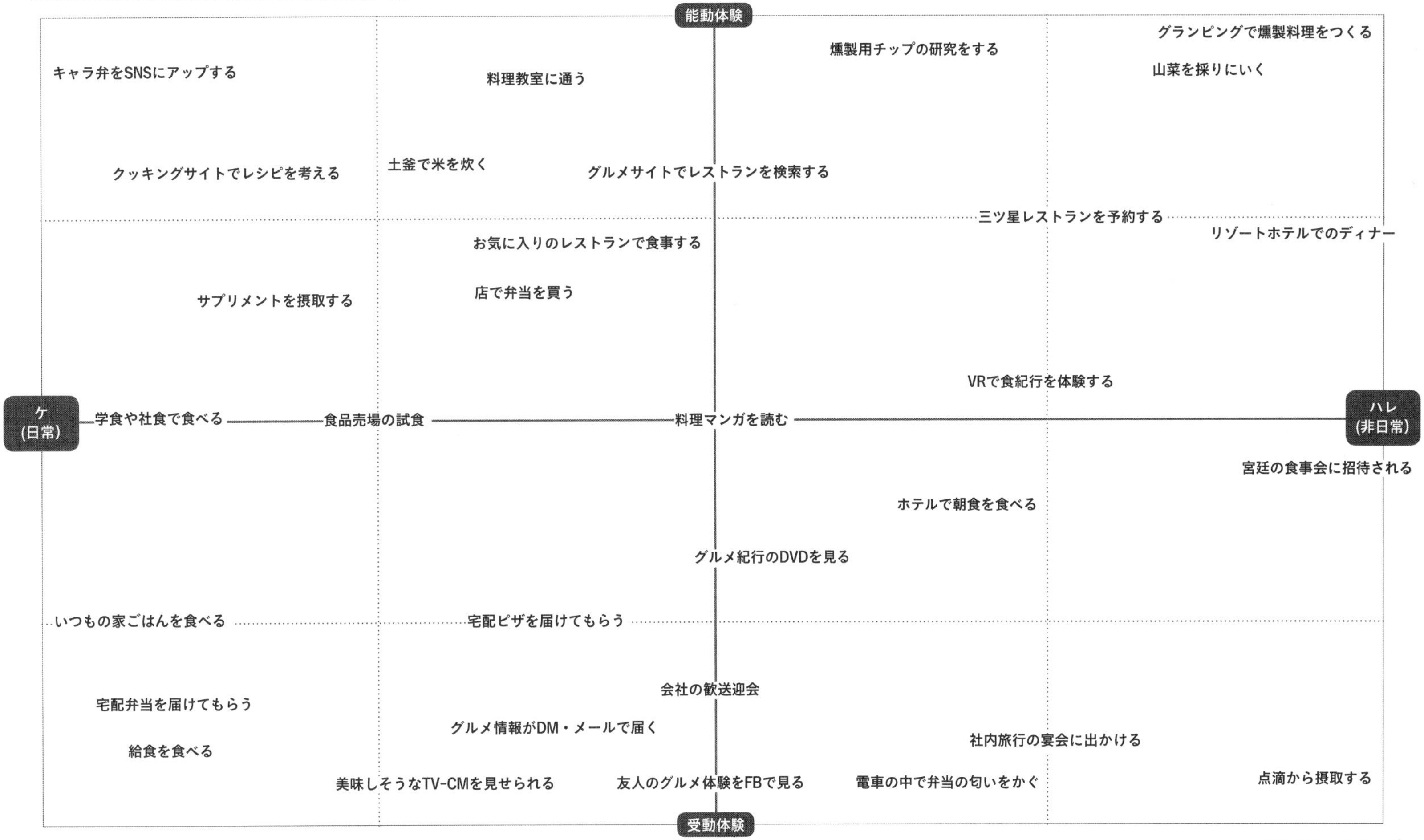
能動体験
受動体験
ケ
(日常)
ハレ
(非日常)
キャラ弁をSNSにアップする
料理教室に通う
燻製用チップの研究をする
グランピングで燻製料理をつくる
山菜を採りにいく
クッキングサイトでレシピを考える
土釜で米を炊く
グルメサイトでレストランを検索する
三ツ星レストランを予約する
リゾートホテルでのディナー
お気に入りのレストランで食事する
店で弁当を買う
サプリメントを摂取する
VRで食紀行を体験する
学食や社食で食べる
食品売場の試食
料理マンガを読む
宮廷の食事会に招待される
ホテルで朝食を食べる
グルメ紀行のDVDを見る
いつもの家ごはんを食べる
宅配ピザを届けてもらう
会社の歓送迎会
宅配弁当を届けてもらう
グルメ情報がDM・メールで届く
社内旅行の宴会に出かける
給食を食べる
美味しそうなTV-CMを見せられる
友人のグルメ体験をFBで見る
電車の中で弁当の匂いをかぐ
点滴から摂取する

体験ビジネスマップ

体験ビジネスのキーワード

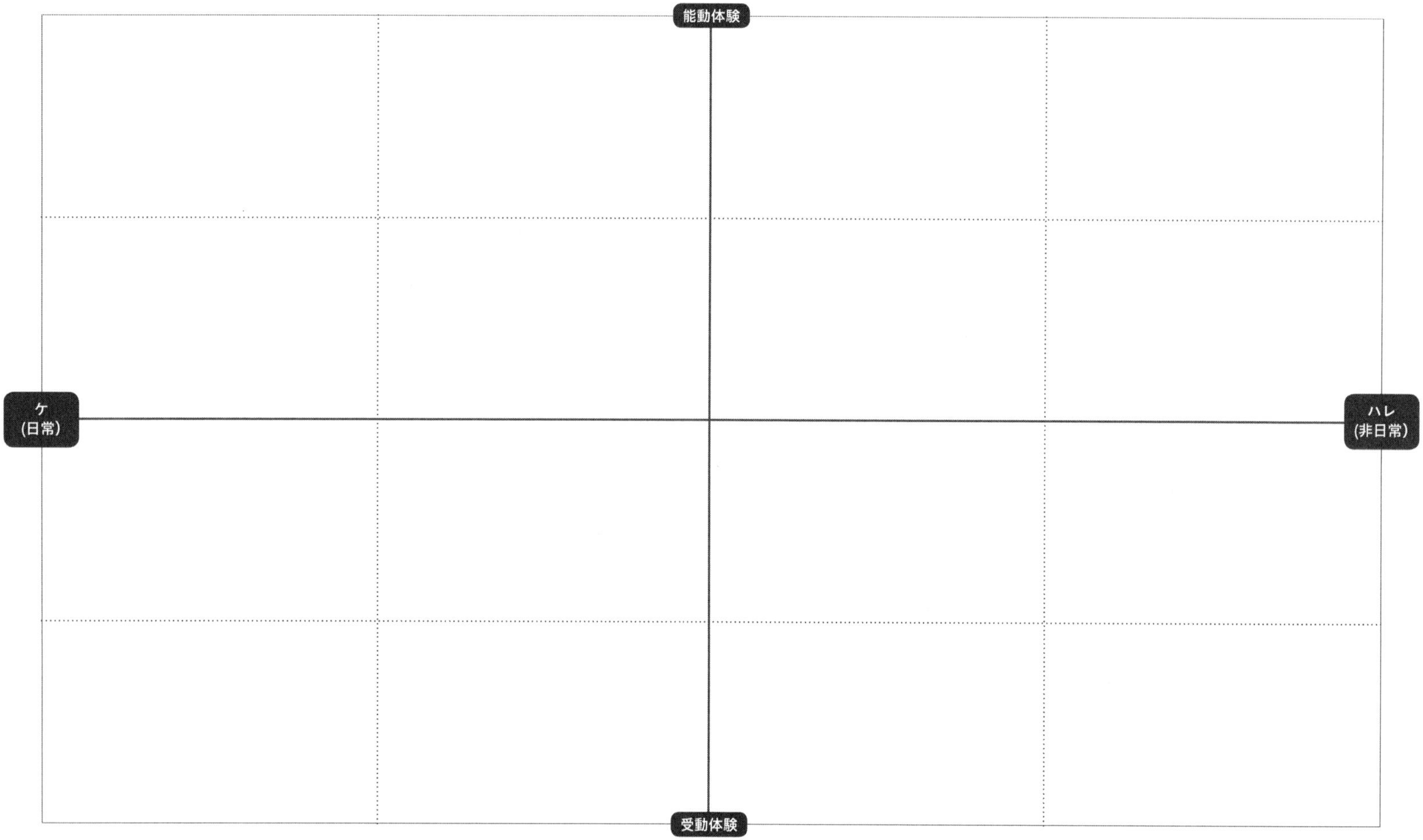

体験ビジネスマップ

人的価値

さまざまなステークホルダー
人間国宝
偉業達成などの肩書き
パーソナリティ
人的背景感性
エピソード
共感力
コラボ
褒章
啓蒙力
人権
フェアトレード
エシカル
BOP支援
復興支援
障がい者支援
高齢者支援
ボランティア
倫理活動
尊敬
気遣い
愛
思いやり
優しさ

×

物的価値

技術資産
デザイン性
ＵＤ・ユーザビリティ
素材感
省エネ・エコマテリアル
防水・防塵
軽薄短小・重厚長大
スピード・簡単
味・食感・香り
物的資産
限定・プレミアム
シリアルナンバー
手づくり・DIY・キット
作家モノ・クラフト
サステナブル
伝承性
宝物・メモリアル
ギフト
ディスポーザブル
リサイクル・リユース
ロングライフ
サスティナブル
アフォーダンス
名産品
ライセンスアイテム
インタラクティブ性
ＩｏＴ

×

情報価値

ＩＴ・ＩｏＴ
ＡＩ
ＩＣＴ
紙媒体
新聞・雑誌・書籍・DM
電波媒体
Google map
ウェブショップ
グルメサイト
PC・スマホ・タブレット
４DX・iMAX
個人情報・企業情報
ニュース
ランキング・比較
センシングとアラート
口コミ
ピクチャー
リマインド・マーキング
パスワード
コンシェルジュ
検索・閲覧履歴
ウェアラブルデバイス
クラウド・ビッグデータ
ソーシャルメディア

×

時間価値

温故知新
バックキャスティング
朝昼晩
季節・四季・24節気
時短
夜勤・パートタイム
フレックス
クラウドファンディング
お試し
ファストパス
24時間
土日オープン
シーズン営業
予約制・先着順
時価・タイムセール
年代物・レトロ・復刻版
日曜市
歴史探訪
徹夜・早起き
時差通勤
時差ぼけ
寝台車・夜行バス
タイムトラベル
即日配達
思い出・アルバム

×

場の価値

家庭
学校・職場
コミュニティ空間
デスク
寝室・リビング・バストイレ
行きつけ
マイカー
公共交通機関
HUB（駅・空港・港）
ホテル・旅館
病院・ヒーリングスポット
商業空間・アミューズ空間
観光地・名所・旧跡
カフェ
リゾート
聖域
スポーツの場
イベント・ライブ・フォーラム
祭り・式典・冠婚葬祭
自然
風光明媚な場

＝

新サービス・新ビジネスの芽

？

↓

中国語、韓国語、英語などの多言語に対応した着付けスタッフによる安心感というホスピタリティ、観光先へのコンシェルジュ的なアドバイスもサービスの一環。

×

着物は着てみたいが高価で着付けにもお金がかかる。着物のレンタルなら安く、着付けも同時にしてくれる。

×

国内、海外のサイトに旅館に泊まり、着物を着て京都を観光するサービスの仕組みを写真や動画で紹介する。

×

「着物を着て観光をする」体験にお金を払うビジネスが時間価値として成り立つ。
また、ホテルから着付けのために行き帰りする時間ロスもなくなる。

×

京都の魅力を着物を通じて国内外に発信することにより、観光地がより相乗的に華やかになる。

＝

新サービス・新ビジネス事業プラン概要

京都の旅館の
レンタル着物着付けサービス

人的価値

さまざまなステークホルダー
人間国宝
偉業達成などの肩書き
パーソナリティ
人的背景感性
エピソード
共感力
コラボ
褒章
啓蒙力
人権
フェアトレード
エシカル
BOP支援
復興支援
障がい者支援
高齢者支援
ボランティア
倫理活動
尊敬
気遣い
愛
思いやり
優しさ

×

物的価値

技術資産
デザイン性
ＵＤ・ユーザビリティ
素材感
省エネ・エコマテリアル
防水・防塵
軽薄短小・重厚長大
スピード・簡単
味・食感・香り
物的資産
限定・プレミアム
シリアルナンバー
手づくり・DIY・キット
作家モノ・クラフト
サステナブル
伝承性
宝物・メモリアル
ギフト
ディスポーザブル
リサイクル・リユース
ロングライフ
サスティナブル
アフォーダンス
名産品
ライセンスアイテム
インタラクティブ性
ＩoＴ

×

情報価値

ＩＴ・IoT
ＡＩ
ＩＣＴ
紙媒体
新聞・雑誌・書籍・DM
電波媒体
Google map
ウェブショップ
グルメサイト
PC・スマホ・タブレット
４DX・iMAX
個人情報・企業情報
ニュース
ランキング・比較
センシングとアラート
口コミ
ピクチャー
リマインド・マーキング
パスワード
コンシェルジュ
検索・閲覧履歴
ウェアラブルデバイス
クラウド・ビッグデータ
ソーシャルメディア

×

時間価値

温故知新
バックキャスティング
朝昼晩
季節・四季・24節気
時短
夜勤・パートタイム
フレックス
クラウドファンディング
お試し
ファストパス
24時間
土日オープン
シーズン営業
予約制・先着順
時価・タイムセール
年代物・レトロ・復刻版
日曜市
歴史探訪
徹夜・早起き
時差通勤
時差ぼけ
寝台車・夜行バス
タイムトラベル
即日配達
思い出・アルバム

×

場の価値

家庭
学校・職場
コミュニティ空間
デスク
寝室・リビング・バストイレ
行きつけ
マイカー
公共交通機関
HUB（駅・空港・港）
ホテル・旅館
病院・ヒーリングスポット
商業空間・アミューズ空間
観光地・名所・旧跡
カフェ
リゾート
聖域
スポーツの場
イベント・ライブ・フォーラム
祭り・式典・冠婚葬祭
自然
風光明媚な場

=

新サービス・新ビジネスの芽

？

↓ ↓ ↓ ↓ ↓

	×		×		×		×		=	新サービス・新ビジネス事業プラン概要

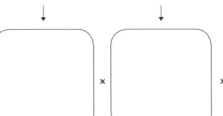

商品開発プラン

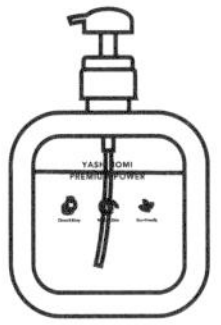

商品デザインイメージ

シンプルな外装ボトルに、レフィルをセットするだけで簡単に台所洗剤の機能を果たせるシステムを企画する。

台所用洗剤の不満はアンケートにより、そのデザイン性の低さだけではなく、詰め替え時の手間や失敗、レフィル残端の問題などが山積していることがわかった。これを受けて、レフィルにポンプを装着する時間を極端に短くする。また、そのグラフィックや外装デザインもミニマルなデザインとする。

これによって別に用意したインテリア性の高い容器に詰め替える手間もかからなくなる。

←

目にするたびに残念な気持ちになるが、 必要な機能のために、目につくところに置かれてしまうアイテムを探してみる。

ボトルのデザインが、そもそも店頭で目立つことが前提となっている。その派手なデザインが素敵なキッチンも台なしにしている。

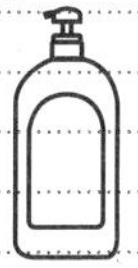

感性表現分析表（自宅編）		発信者自身の感性	
		ときめくもの	ときめかないもの
受信者（訪問者）に対する感性	見せたいもの	表現したい自分像を見せる	必要機能なので仕方なく見せる
		↑ 自己表現 ↓	↑ 機能表現 ↓
	隠したいもの	知られたくない自分像を隠す	使うとき以外は隠す

ココに商域がある！

→ 「ときめかないもの」×「見せたいもの」｜クーラー、空気清浄機、扇風機、台所洗剤など、その機能が必要なために不本意ながら仕方なく使うエリア。 → 機能を果たしながらその存在を見せたくなるようなデザインへ。（ウォール家電、リパッケージなど）

→ 「ときめかないもの」×「隠したいもの」｜脚立、台車、キャニスター型掃除機、工具など、使うとき以外は目に触れないように収納しているエリア。またはトイレットペーパー、紙おむつ、乾物食品のように、ストック品もこのエリア。 → 収納されているので、実際に使うときには面倒になることが多いエリア。これを収納せず、出しっぱなしでもインテリアになりえるデザインへ。

↓

普段、ときめかないため収納されていて、実際に使うときに収納から出すのが面倒なアイテムを探してみる。

・物置やガレージに置かれていて、取りに行くのが面倒な自宅の脚立。
・バックヤードに取りに行く手間がかかる店舗での脚立。

←

商品開発プラン

商品デザインイメージ

物置に取りに行かなくてもいい脚立にするために、常に出しっぱなしでもインテリアを阻害しないデザインを施す。
そのためにはネジを露出させない、シームレスなデザインを行い、ディテールに留意する。
アルミ素地だと工業製品のイメージが強いため、塗装やアルマイトでカラー化していく。

また、必要とする頻度は極めて高いのに置きにくかった店舗などの商空間向けに企画することで、従来の脚立の価格帯との差別化したエリアで販売できるため利益率も高い。

商品開発プラン

←

目にするたびに残念だが、必要な機能のために、目につくところに置かれてしまうアイテムを探してみる。

↑

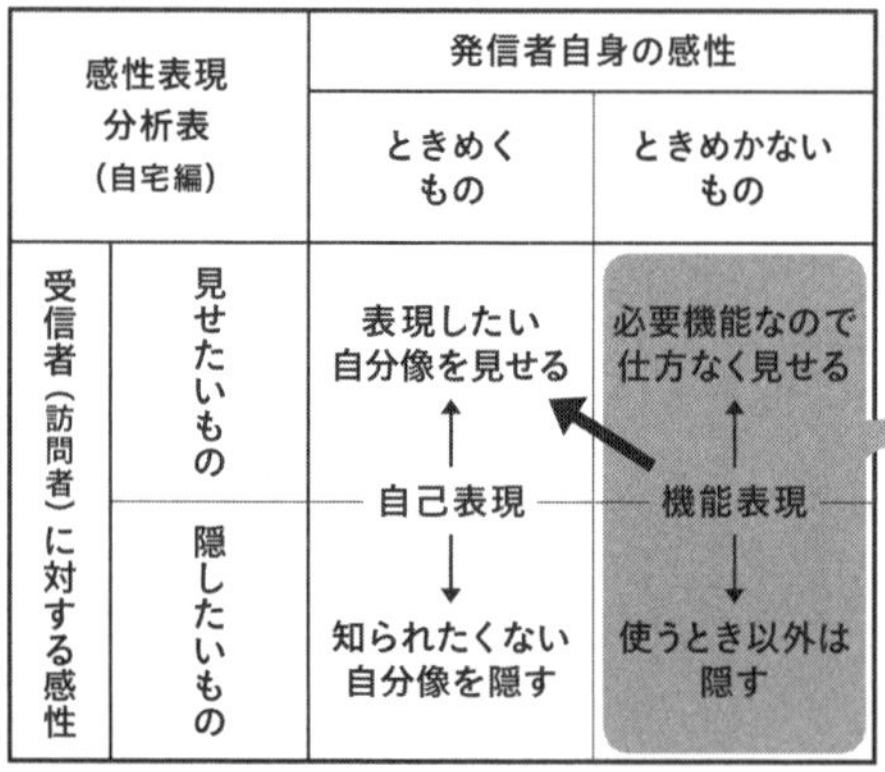

→

「ときめかないもの」×「見せたいもの」

つまりクーラー、空気清浄機、扇風機、台所洗剤など、その機能が必要なために不本意ながら仕方なく使うエリア。

→

機能を果たしながらその存在を見せたくなるようなデザインへ。（ウォール家電、リパッケージなど）

ココに商域がある！

「ときめかないもの」×「隠したいもの」

脚立、台車、キャニスター型掃除機、工具など、使うとき以外は目に触れないように収納しているエリア。またはトイレットペーパー、紙おむつ、乾物食品のように、ストック品もこのエリア。

→

収納されているので、実際に使うときには面倒になることが多いエリア。これを収納せず、出しっぱなしでもインテリアになりえるデザインへ。

↓

普段ときめかないため収納されていて、実際に使うときに収納から出すのが面倒なアイテムを探してみる。

←

商品開発プラン

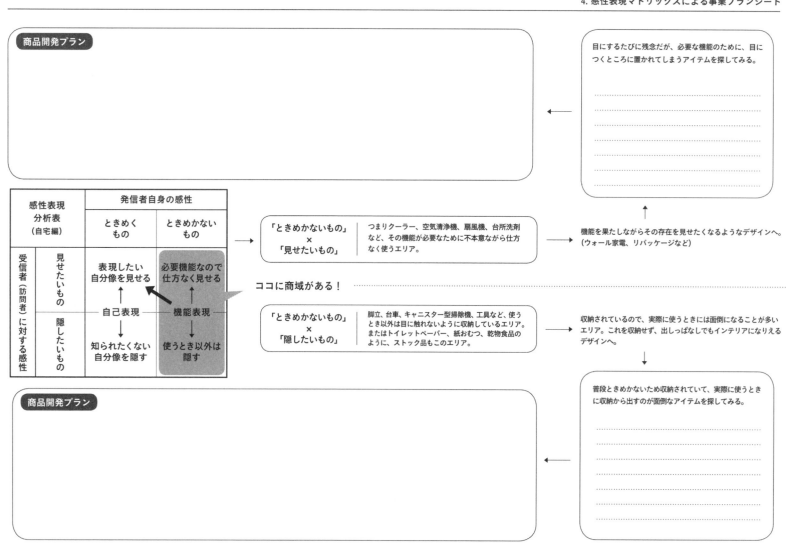

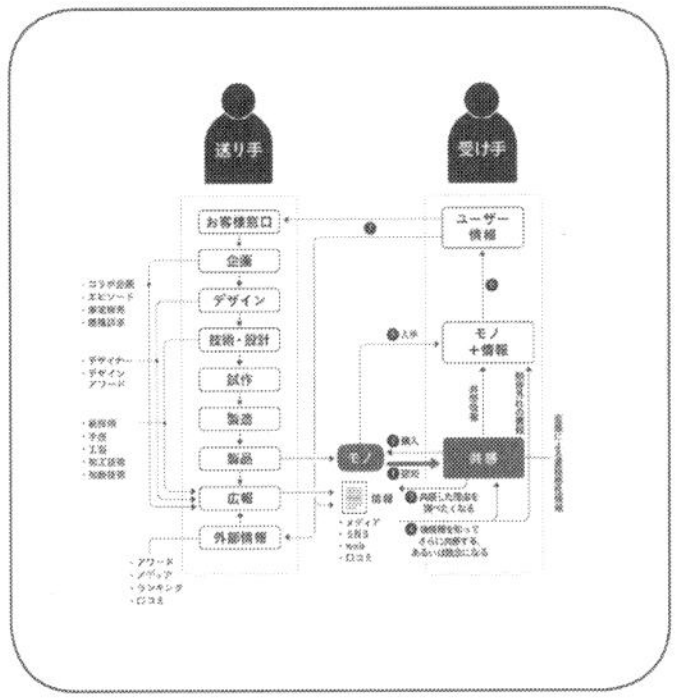

Pattern1. 直感による購買行動

↓（　）

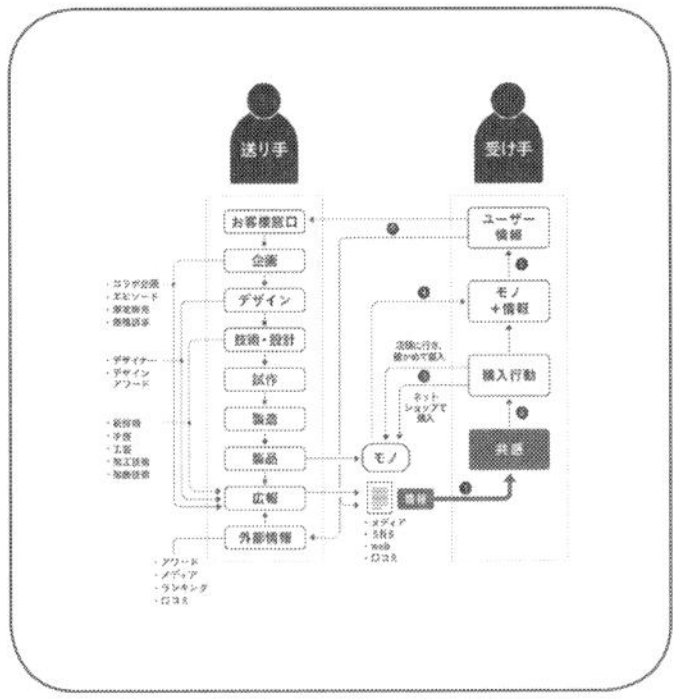

Pattern2. 背景感性情報が動機となる購買行動

↓（　）

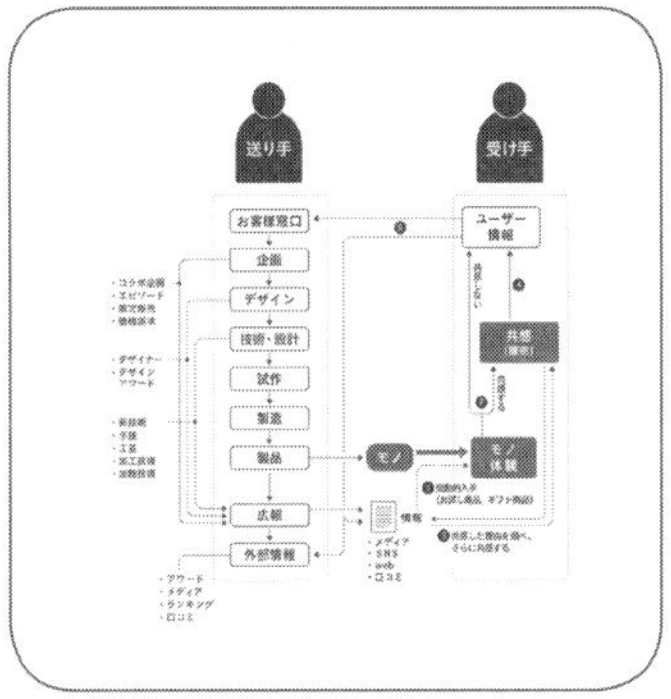

Pattern3. 体験先行型の購買行動

↓（　）

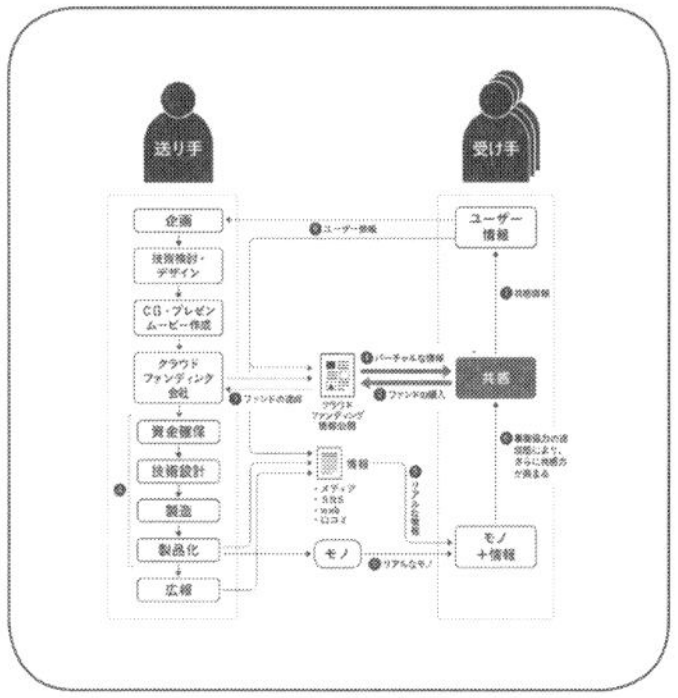

Pattern4. クラウドファンディング型の購買行動

↓（○）

あなたの考えるビジネスの購買行動

あなたの考えるビジネスは、どのパターンの購買行動になるのかを描いてみてください。
あるいは、これらを加味したもう少し複合的な図解になるのかもしれません。

ヘキサゴン分析によると特許性のある加工技術（技術感性）とそれを応用したハイブリット素材（創造感性）が、今までにない魅力を引き出す可能性が高い。

↓

この技術による素材開発の苦節の物語を背景感性として編集していく。メイキングムービーの制作。

↓

また、この素材を使ったアイテムとデザインによって感覚感性を高め、プロモーションしやすい状況をつくることに注力する。

↓

クラウドファンディングにその案件をエントリーさせ、ムービーや写真・開発の意義・社会性のある事業であることを告知し、同時にこの企画の宣伝・拡散を企てる。

期間中、体験できるコーナーを特設ショップ内に設置し、クラウドファンディングへの参加を呼びかける。

↓

クラウドファインディングの宣伝効果によって、初回販売数が確保でき、先行投資分の回収が早まり、次のステップとして考えているシリーズ展開へのスピードが早くなる。

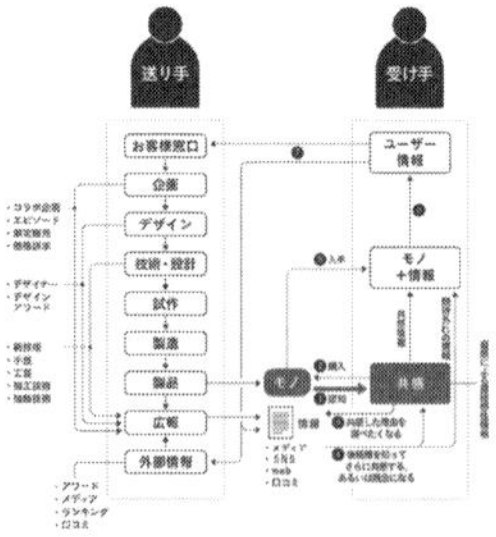

Pattern1. 直感による購買行動

↓（　）

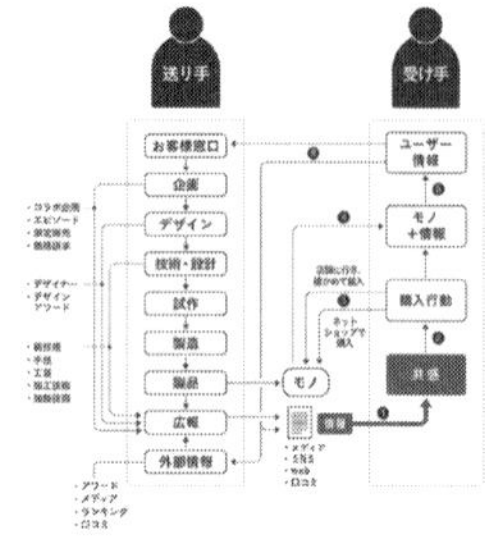

Pattern2. 背景感性情報が動機となる購買行動

↓（　）

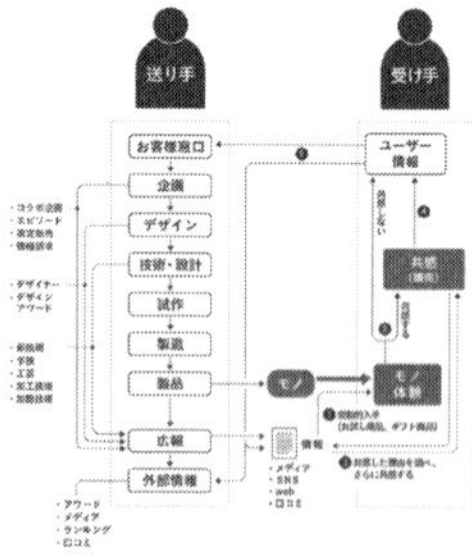

Pattern3. 体験先行型の購買行動

↓（　）

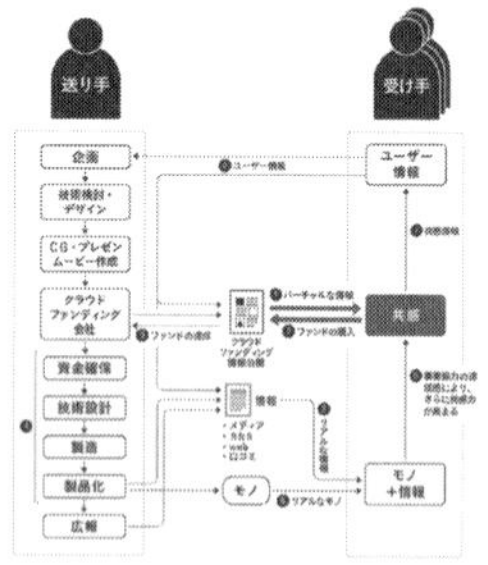

Pattern4. クラウドファンディング型の購買行動

↓（　）

あなたの考えるビジネスの購買行動

あなたの考えるビジネスは、どのパターンの購買行動になるのかを描いてみてください。

あるいは、これらを加味したもう少し複合的な図解になるのかもしれません。